紫图图书 出品

你越淡，人越顺

小野 —— 著

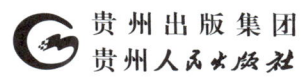

贵州出版集团
贵州人民出版社

图书在版编目（CIP）数据

你越淡，人越顺 / 小野著. — 贵阳：贵州人民出版社, 2025.2. — ISBN 978-7-221-18959-2

Ⅰ.B821-49

中国国家版本馆 CIP 数据核字第 202538FZ06 号

NIYUEDAN，RENYUESHUN
你越淡，人越顺
小野 著

出 版 人：朱文迅
策划编辑：周湖越
责任编辑：杨 礼
装帧设计：紫图图书 ZITO®
责任印制：邢雪莲

出版发行：贵州出版集团　贵州人民出版社
地　　址：贵阳市观山湖区会展东路SOHO办公区A座
印　　刷：艺堂印刷（天津）有限公司
版　　次：2025年2月第1版
印　　次：2025年2月第1版第1次印刷
开　　本：880mm×1230mm　1/32
印　　张：5.75
字　　数：95千字
书　　号：ISBN 978-7-221-18959-2
定　　价：55.00元

如发现图书印装质量问题，请与印刷厂联系调换；
版权所有，翻版必究；未经许可，不得转载。

前言

淡人心态，真的很养人

在这个纷繁复杂的世界里，我们每个人都像是被无数线牵引的木偶，忙碌于各种角色与责任之间；常常被各种欲望和焦虑驱使，不断地追求更多的物质财富、更高的社会地位和更广泛的人际关系……

然而，随着时间的推移，我们可能发现，这种生活方式并没有给我们带来真正的幸福和满足感。相反，它让我们的心灵变得疲惫，让我们的生活失去了平衡。我们都不曾真正了解这个模糊又多变且不是很稳定的自己,世界每天都在用一种新方式发现我们。有人用星座、性格测试来定义人群,还有一种全新的说法——"被确诊为淡人"。

"淡人",看似指那些缺乏热情或冷漠的人,其实不然,"淡"意味着能够保持内心平静、不被外界纷扰动摇。他们懂得如何在喧嚣的世界中寻找到自己的宁静之地,如何在繁忙的生活中保持一份淡定和从容。

淡人们,情绪总是很稳定,即便面对失误和麻烦也能轻轻一句"嗯,好吧"带过。他们的日常似乎就是"无所谓、没必要、不至于"。淡人们,情绪总是很稳定,即便面对失误和麻烦也能轻轻一句"嗯,好吧"带过。他们的日常似乎就是"无所谓、没必要、不至于"。

当我们都是小朋友的时候,是内向、不爱表达,还是外向、张扬、活蹦乱跳,很明显就能看出来。但是成年人性格没有那么明显。我们要工作,要扮演打工人的角色,要和团队协作,要和客户沟通,不断练习技能,直到我们不觉得这是一件很难的事,我们学会了一种不带情绪的生活态度。

每个人都可以喜欢自己本来的样子,但学会这种不带情绪的生活态度会让生活更轻松。因为可以把这看作是一种快节奏时代的"舒缓剂",一种自我防御的"保护色",让我们在这个原子化社会里保持自己的"边界感"。

做一个淡人,并非消极避世,亦非对生活失去热情。相反,它是一种精神减负和欲望简化,是人们舒缓压力、消解内耗、积蓄能量的自我疗愈之方,更是一种看清内心真实渴望后的精准努力。

我们也许是个淡人,但是也有自己的热情,活在自己的热爱里。永远年轻,永远谁的话都不听;在自己的秩序里,飞行万里不回头,"我只能是我,没有人可以真正地理解我,没有人可以重走我的童年,没有人陪我走过漫长的青春,没有人教我如何做一个职场新人,都是我一步一步走出来的"。

或许每个人都喜欢被认同,但世界是有参差的,我们无法奢望我们的每个行为都被理解、认同,因为每个灵魂都在不同的平行世界,在每个抉择的路口,每个人都有自己想选的路。我们只要忠于自己就好。不再惧怕未知,世界只因我们的感受而存在,所以我们只负责照顾好自己的感受,如果有一天我的感受消失,那这个世界就不复存在。

当你变成淡人,就不再内耗,尊重世界,但不再被所谓的世俗标准绑架。对于不理解的事,事不关己,高高挂起,存在即合理,但是也请允许我不同流。

用淡然的心态去面对生活的挑战,用平和的心境去感受生命的美好,真的做到看淡,不再执着于日常得失,这样的"淡学"何尝不是一种自我觉醒呢?

希望每个人都能坚持只活一次原则,淡人淡心,方知万物,自在随心。学会如何在快节奏的现代生活中找到属于自己的节奏,如何在纷扰的世界中保持一份清醒和淡定。

目 录

第一章. 照顾好自己，其余的其余，人生自有安排

1. 如果你能够掌控你的生活，你就获得了想要的平静感 ~ 015
2. 回顾过去，放下那些执着与不快 ~ 019
3. 专注打造自我，观照内在成长 ~ 023
4. 情绪淡一点，生活顺一点 ~ 027
5. 不卷，不内耗，不逢迎 ~ 030

第二章. 日子很淡，我很我

1. 先走起来吧，总能找到人生前进的方向 ~ 037
2. 人生这场游戏，只有你能决定怎么玩 ~ 041
3. 和自己喜欢的一切在一起，活得开心而自洽 ~ 048
4. 淡人的快乐清单：读点儿书 ~ 052
5. 独立，是一个人最大的底牌，请你成为自己 ~ 059

第三章. 比起轰轰烈烈，淡淡的感情也可以很美好

1. 认识自我，维护内心的边界与秩序 ~ 067
2. 淡然自爱，是一生的修行 ~ 071
3. 情感需要自由空间，才能共同成长 ~ 077
4. 学会松绑，保持真实、坚定、尊重 ~ 082
5. 不成为彼此的附属，只为成为更好的自己 ~ 086
6. 情感求深度而非宽度 ~ 090

第四章. 不被定义，自由生长

1. 自由随性是淡人的治愈良药 ~ 097
2. 顺其自然，生活自有答案 ~ 101
3. 允许一切发生，以开放的眼光看世界 ~ 106
4. 深深扎入生活，汲取生活中所有的精华 ~ 110
5. 松弛地应对生活：外界的声音都是参考，你不开心就不要参考 ~ 115

第五章. 你值得一切美好，因为你本身就是宝藏

1. 不过度依赖他人、不随波逐流，对自己的人生负责 ~ 123
2. 未经思考的人生不值得过 ~ 127
3. 心理韧性决定你人生的上限 ~ 132
4. 向内深耕，追求内在满足感 ~ 137
5. 允许自己有缺点，但拒绝过度反思 ~ 142

第六章. 去爱不确定的生活：有前进一步的勇气，也有后退一步的淡泊

1. 成年人最稀缺的能力：情绪复原力 ~ 151
2. 脆弱是自我成长的一部分 ~ 156
3. 一个高能量淡人，内核必定是稳定的 ~ 161
4. 三分底线，五分原则，一分自私 ~ 167
5. 别对每件事都有反应，钝一点，快乐多一点 ~ 172
6. 不在情绪上内耗，只在做事上认真 ~ 176

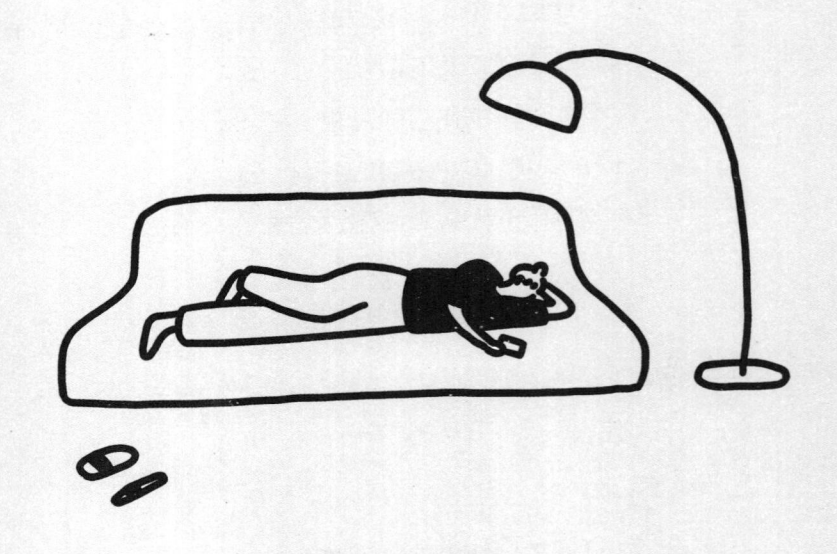

第一章.

照顾好自己，其余的其余，人生自有安排

有人终其一生都在寻找安全感，有的去赚更多的钱，有的去囤更多的物品，有的去结交认识更多的人，有的选择进入亲密关系……结果都徒劳无功。

　　安全感似乎有一条秘密通道，让人们难觅其踪，其实答案就在自己身上。安全感不是来自外界的物质条件或是他人的认可，而是源于内心深处的平静与自信。

　　当你构建起一个坚强的内心世界，其中的内在力量让你即使面对外界的不确定性和挑战，也能够保持镇定自若，拥有"淡而不庸"的自洽人生。

1.
如果你能够掌控你的生活，你就获得了想要的平静感

平静感从何而来？最大的平静感其实来自我们自己，来自我们对生活的掌控感。什么是对生活的掌控感？对生活的掌控感就是我们相信自己有能力，且自己真的有能力解决生活中出现的各种问题。

小时候，我们想要获得某个物品，想要做成什么事情，都是靠父母帮助我们实现。就我的成长经验，父母帮助我实现愿望从来不是无条件的。小时候，我想要一件漂亮的

新裙子,他们就要求我坚持自己整理房间20天,做到了的话,新裙子便会如约而至。我也因此养成了自己整理房间的好习惯。像这样,如果我能做到与父母约定好的条件,父母就会按照约定给我买我想要的某个物品,带我去做我想做的事情。虽然是父母帮我实现愿望,但是我是通过自己的努力和恒心做到的。我想,这就是我童年时代习得的对自己生活的掌控感,也是我内心平静的原因。

如何获得生活的掌控感,在复杂多变的世界中寻找到一片属于自己的宁静之地呢?答案仍在于我们自身。

首先,从获得对身体的掌控感开始,因为不管贫穷还是富有,对任何人来说,排在第一位的永远都是健康。如果没有健康,其他事情都无从谈起。但很多人,都是到了身体遭遇大风险的时候才真正明白这个问题,然而为时已晚。因此,不管你再忙再累,每天都要找一段平静的时间,让自己在奔波的生活中停下来,与身体进行对话,建立身体觉察性,才能照顾好自己独一无二的身体。

其次,保持情绪稳定。其实,情绪稳定与掌控感的关系是相辅相成的。一个情绪稳定的人,能够保持头脑清醒,不被坏情绪绑架,总是能做出正确的决策,这样可以强化掌

控感；而掌控力强的人，就能游刃有余地处理生活中的问题，这也是情绪稳定的来源。如果你的情绪稳定能力弱，建议你提升自己的能力，就能提高掌控力，获得掌控感。千万不要掌控力很弱，却有很强的掌控欲，永远走在被坏情绪绑架的路上，且你的坏情绪还会挟持其他人，给亲人朋友带来很大的困扰。

最后，将培养掌控感落实到每一个行动上，哪怕是微不足道的行动。微小行动的积累，可以持续改变一个人的生活状态。每天做一件与人为善的事，你会变得越来越快乐；每天坚持记账，你就不会轻而易举让自己掉进消费主义的陷阱里；每天坚持运动半个小时，你会收获一个健康、有活力的身体；每天坚持读书，你会活得更睿智、更通透……逐渐地，不好的生活习惯就会悄悄地被好习惯代替。

可以说，健康的身体、稳定的情绪、强大的执行力，就是使人获得生活掌控感，重塑内心平静的三大法宝。

人生海海，每个人都有每个人的路要走，千差万别，却殊途同归，做好人生的基本功课，其他的，交给时间吧！

2.
回顾过去，放下那些执着与不快

初春时节，春暖花开，我约上大学时期的好友到大学校园看樱花。

大学校园似乎有一种凝住时间的魔力，走在母校的大路小路上，看到各处的景致，曾经以为忘却的记忆，一下子都涌了上来。和好友聊起各种名场面，两人捧腹大笑的同时，也慨叹当年留下的些许遗憾。我忍不住想，如果时光倒流到大学时代，我们会怎样度过？那些曾经遗憾的事情还

会发生吗？

我说如果能带着现在的认知水平回到大学时代,那是最好的。好友笑我妄想这种重生戏码。如果认知水平也跟着回到从前,那么走过的路,还要重新走一遍？好友连连摇头,说了一句"往者不可谏,来者犹可追",直言还是活在当下最好,顺便期待下未来,过去的事情尘归尘,土归土,就让它过去。

我为这种豁达洒脱的人生态度鼓掌。不过,我也认为,过去、现在、未来都是我们的组成部分。过去的自己虽然幼稚、迷惘,却正是过去的自己成就了现在的自己;现在的自己持续性自信满满,间歇性躺平休息,这正是当下鲜活的自己;未来的自己既有预知性,又充满了未知,期待着我们去经历体会。如果一个人想当下过得坦然,活得不拧巴,就必须内心保有对过去的理解,配上当下的努力,佐以对未来的清醒和乐观。其中最重要的就是对过去的理解,认可过去的自己,与过去的自己和解。

我想起求学时期认识的一位日本留学生。那时,他正在为自己在中国的电影梦努力提升中文水平。他的目标是考入国内著名电影学院的导演系,我还记得他为自己顺利入学拍的短默片。

短片的内容是一个女孩对着镜子里的自己,镜子里的自己就是过去的自己:胆小、内向而脆弱、不自信,那个小小的自己缩在角落,不断否定自己,但是眼里泛着想要改变的光芒。镜头一转,是一个室内小型演讲会,紧张得攥紧拳头的自己,闭上眼睛,几乎是用尽力气站起来,站到台上,起初很紧张,几乎想要落荒而逃,最后鼓起勇气,表达出自己的观点,台下的同学友善地为她鼓掌。其实她的表达并不出彩,但是因为这次"突破"给了她勇气。镜头再一转,在图书馆,女孩在心理学书架旁边静静地看书,日复一日。

经过了很多事,读了很多书,虽然性格依然内向,但是女孩终于变得自信起来。她看着镜子里的自己、教室里的自己、图书馆里的自己,笑着伸出手,过去的自己与现在的自己微笑握手。

在每个人的一生中,都有一段过去,那是一段独特而珍贵的故事。这段故事,既有快乐与甜蜜,也有伤感与遗憾,这些鲜活的过去都构成了我们生命中不可或缺的一部分,都记录着我们的成长与变化。因为过去的努力挣扎,我们变得坚韧勇敢;因为过去的苦苦坚持,我们变得更有耐心;因为过去的纠结怀疑,我们变得更了解自我,更加笃定。

我们会回顾过去,并非因为我们迷恋旧日时光,也并非因为我们患得患失,而是因为我们已经长大成熟,可以理解自己的种种过去。正因为能更好地理解和认可自己,才能为当下的坦然和未来的清醒铺平道路。

3.
专注打造自我，观照内在成长

小时候，外公总对我说一句话："不要做手电筒，只照别人，不照自己。"意思是说，在生活中，总是去找别人的缺点，从来不看自己。在后来的人生中，我时刻谨记外公的这句话，遇到问题，首先看自己。

杨绛在《杂忆与杂写》中说："人虽然渺小，人生虽然短，但是人能学，人能修身，人能自我完善，人的可贵在于人的本身。"

每个人身上都蕴含着无穷的成长潜力，区别在于是否可以实现个人潜能的最大化，这一过程其实就是内在成长。

纵观我们大多数人的人生历程，无论生活，还是工作，不如意之事十有八九。面对人生中的不如意之事，有人抱怨社会不公平，有人则感叹自己时运不济、命途多舛，有人把所有的责任都推到命运和别人身上，有人则把逆境当作内在成长的重要契机，成为更加坚强、智慧和成熟的人。

外公的道理和前人的经验告诉我，在生活中遇到问题，先从自己身上找原因，多从自己身上找原因。如果是我自己的问题，就一定要认真改进；如果是别人的错，除了包容与体谅，更要间接学习经验教训，防患于未然。

我视之为人生信条的那句话，可能会被当今的发疯文学家们质疑，他们认为这是自我PUA，认为这就是精神内耗。

很多人说："拒绝内耗。与其内耗，不如发疯外耗别人。"也许这就是现代人的通病，自己过得不如意，从来不在自己身上找原因，怨恨父母没有很好地给自己的命运提供托举，抱怨伴侣不能时时为自己排忧解难，甚至怨恨孩

子降低了自己的生活质量。总之,自己永远没有错,错的都是别人,时不时破防发疯,这就是所谓的"拒绝内耗"。他们态度蛮横,满身负能量,心生怨恨,总是批评、指责和抱怨别人,不仅自己过得不开心,身边的人也过得痛苦不堪。而这样"拒绝内耗"的人生,不过是原地踏步,从一个坑出来,又跳入另外一个坑。

真正的"拒绝内耗"是什么样的呢?是实现内在成长。

首先,拥有一种平和的心态。拥有平和心态的人不会被外界的喧嚣和纷扰左右,面对他人的评价和看法,他们不会过分在意,更不会因为别人的一句话而陷入自我怀疑和否定;拥有自己的生活节奏和价值标准,无须为了迎合他人的期待而活。

其次,要有明确的目标和坚定的方向。否则面临众多的选择,只会犹豫不决,浪费宝贵的时间和精力。一旦确定了自己的目标,他们便会全力以赴地去追求,不会被途中的困难和挫折吓倒。一个立志成为作家的人,会每天坚持写作;想要成为演奏家的人,会日复一日地练习演奏……

最后,要懂得关爱自己。他们不会对自己过于苛刻,允许自己有不完美的地方。当感到疲惫和有压力时,他们会给自己留出时间和空间来放松和调整。可能是一场悠闲的散步,看一本喜欢的书籍,或者一次宁静的冥想。只有先照顾好自己,才能有足够的能量去面对生活中的各种挑战。

《菜根谭》有言:"为人修身,应该时时自省。"老祖宗的智慧是宝贵的财富。在这个人人都是自媒体的时代,更应该学习一切对自己好的事物,改进自己,打造一个更好、更从容的自我,这才是做人应有的大格局。

4.
情绪淡一点，生活顺一点

作为一个成年人，我们深知一个生命从小小的婴儿成长为成熟的大人，有多么不容易。虽然这个"不容易"在不同人身上有不同的表现，但是大多数人不得不承认，在我们从小到大的生命旅程中，所谓"不容易"的事情总会给我们的情绪造成很大的影响，我们一路走来，很多时候都是在与坏情绪做对抗。

情绪会影响我们的生活，甚至威胁、伤害我们的生活。

比如我的母亲，已经年过五十，每次经历时间紧迫或者情况紧急的事情时,都会恶心呕吐。我们去消化科做了各种检查,都没查出来问题,最后医生建议我们去看看心理医生。经过与心理医生的谈话,我了解到,母亲之所以在面对时间紧迫或者情况紧急的事情时呕吐,是因为她在童年时期上学总是因为迟到被罚站、被父母责骂甚至挨一顿打。除了呕吐的生理反应,她仍然会梦到无论怎么跑都赶不到学校。因为迟到受到惩罚或被批评,在我及祖父母的眼里看来,这是正常到微不足道的事情,算不上什么伤害,但是却给母亲留下了创伤,甚至时间很长。

我的母亲之所以如此,是因为因迟到受惩罚的创伤事件发生时,她的不安情绪没有被她很好地处理和消化,从而使得这种创伤逐渐内化,最终以梦境或生理性应激反应的形式呈现出来。

为了不被各种坏情绪绑架,我们需要知道自己经历了什么,才能把握好自己可能出现的生理、行为反应,才能有的放矢地去处理和应对每一种具体的情绪。

坏情绪就像一个高需求的孩子,需要我们精细地处理和应对。然而有人会粗暴地压抑坏情绪,将自己与坏情绪完全隔离开;有人会选择粗暴地对抗坏情绪。结果未被处理的坏情绪只会在注意不到的心底慢慢发酵,以至于让自己处在对所有坏情绪都过分警觉的状态里。他们似乎总是被自己的情绪伤害。

想要精细地处理和应对创伤,需要更好地控制和管理自己的坏情绪,而不是被坏情绪控制。我们需要进行更多的学习,从而在坏情绪出现的时候,才能察觉到它们,说出它们的名字,认识到自己是因为什么产生的坏情绪,而不是任坏情绪发展和蔓延,甚至控制我们的身心。

所以,当你在感觉自己不开心的时候,努力去识别它,说出来或者写下来吧!"写下来,痛苦就会过去。"在这个过程中,你会发现自己的情绪逐渐平静下来了。如此,创伤才会被我们转化为成长的契机,我们才能让情绪淡下来。

有句话叫:"意识的渴望是命运的先知。"这意味着我们的内心愿望和追求往往是未来走向的预兆。你意识中对平静的渴望,也在很大程度上决定了你未来的道路。因此,当你不再被各种情绪左右时,就会惊喜地发现,生活也会随之变得顺遂起来。

5.
不卷，不内耗，不逢迎

如果每个人都努力做自己喜欢做的事，没有错，那么我们很乐意为之。但越来越"卷"是大家并不想做的事，内卷会让我们被动地进入一个恶性循环。

想做的事就尽力去试。试过了就获得一个体验，至于最终的结果，得到很好，得不到也是有必然的原因，欣然接纳，得失我心。

如果老生常谈，让大家不要做无用功，不要焦虑，不要精神内耗，这是没有意义的，喊口号会让大家好起来吗？不会。

举一个例子,考研、考公、考编,是当下我们对抗现实以寻找出口的三大热点。我的朋友小方也深陷其中,已经坚持了三年,依旧没有成功上岸,他怀疑自己不是这块料,可是又放不下这三年的努力,还是想再试一次。他顺着父母的期待,顶着同学同事的言论,自己一遍又一遍地刷题,痛苦不堪却不得不坚持。可是就在考试的前几天,他突然说:"我不考了,我放弃了,我应该不会饿死吧,明天应该不会因为这个就不来了吧。"

如果是你,你会怎么劝他呢?

"你都坚持三年了,这次你也报名了,马上就考试了,你再去试一次呗。你现在才放弃,不更对不起你付出的时间吗?"

"是你自己内心想要放弃了,对吧?不是因为压力太大?不是因为别人说了什么?祝贺你,放过自己!"

你内心的答案是什么?你作为一个旁观者想对他说的话,就是你的立场,如果你是小方,你就会做出什么样的选择。

如果你学会这个方法,把自己遇到的问题,想象成是最好的朋友遇到的问题,你站在第三视角看待它,就更容易找到答案——你内心最真实的答案。

人做自己真正想做的事,是不需要理由的,想要稳定的工作,想要美好的生活,都没有错。

但也请接纳平庸的自己,做一个平凡的人,做好自己的小事,努力寻找自己的光,在琐碎中获取生活的智慧。对于太阳而言,地球和月球是一样的,大树和小草也是一样的,能吸收多少阳光,是你自己决定的。

接纳真实的自己,就是不内耗的开始,我们了解自己的性格,有些事情真的做不来,有些官场我们真的不适合,做让自己不开心的事真的很难坚持,所以就做一个开心的小平民吧。

放过自己,不难为自己,学着面对情绪,释放情绪,也要允许有自己的小情绪。生活本来就不是风景,谁都会有不如意的阶段,谁都会有疲惫的时候,我们允许发生,接纳生命,体会生活,留下的是滋味,是更有味道的自己。

余华老师说,苦难从来不是礼物,而是我们无法避免。

但是我想说,享福的时候不要有负罪感,那是我们应得的。

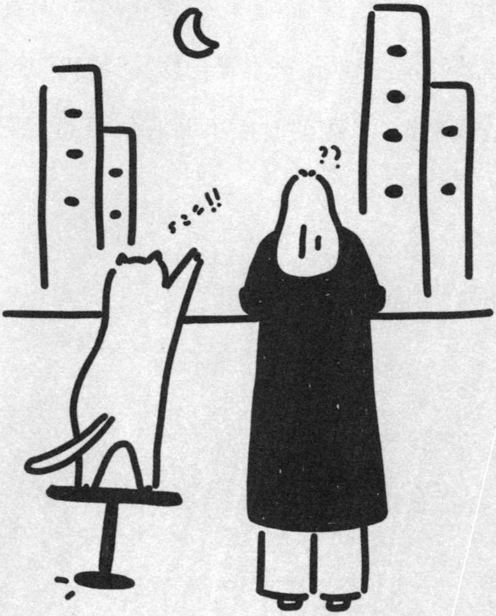

第二章.

日子很淡，我很我

汪曾祺有篇文章《受戒》，描写了一个和尚的日常生活："庙里没有什么事，和尚们都很闲。他们有的在晒太阳，有的在扫地，有的在打坐。日子就这么一天天过去了，简单而充实。"

你会觉得这样的日子无趣吗？可能在一些人眼中是的，但正如张晓风在《岁月如歌》中所说："有时候，最动听的歌曲并不是那些高亢激昂的曲调，而是那些轻轻哼唱的小调。平淡的日子，就像是这些小调，虽然简单，却让人回味无穷。"

淡淡的日子，没有繁华的喧嚣，没有热闹的聚会，即使独处我也丝毫不觉得无趣。因为在平淡的日子里，我可以做最真实的自己，我知道自己想要的是什么。但若内心世界变得空虚、匮乏、失落，无论去哪里或干什么，你的灵魂都是空的。即使过着看似花团锦簇的日子，也不过是在过度消耗自己的智慧、精力和健康。

1.
先走起来吧，总能找到人生前进的方向

  每个人应该都经历过或者正在经历某些时刻，我们被无意义感笼罩，感觉生活是空虚的、无聊的、无意义的。无意义感就像一个狡猾的隐形杀手，不知不觉就将一个人心中的活力和生命力杀死，让人迷惘踌躇，找不到人生前进的方向，也难以体验生活的幸福感。

  日本电影《不求上进的玉子》里，刚大学毕业的玉子每天都活在自己的小世界中，看漫画、睡懒觉、吃剩饭、发呆，一日三餐都由父亲照顾,家务也是由父亲完成。

现在的大学毕业生中,也有很多像玉子一样,大学毕业即失业,回家啃老,每天的日常活动就是吃、睡、玩,意志逐渐消沉,无意义感和颓废感愈加强烈。其实他们心里知道自己为什么会这样,但是无力做出改变,只能在原地打转,困在无意义感的漩涡里。

有人说,玉子在等待一个刺激或者时机,才愿意做出改变。确实,影片的最后父亲说:"等这个夏天结束了,请你从家里搬出去吧,工作也好,游手好闲也罢,总之先从家里出去。"父亲终于出手,将迷惘的女儿推出去面对自己的人生课题。我们也看到了一个终于愿意做出改变的玉子,她终于要和不上进的自己说再见了。

玉子尚有一个明智的父亲把她推出去,但是所谓的刺激或时机若一直不出现呢?只能任由自己本该多姿多彩绽放的青春被无意义感湮没吗?我的意思不是完全否认无所事事的意义,而是如果你正感到空虚、颓废,充满了无意义感,与其等待所谓的刺激或时机,不如主动去寻找。

首先,你要正视无意义感,不能盲目排斥,也不能完全忽视。人生不是故事,必须进行下去,也不是必须更新的连载小说,偶尔开开天窗也无大碍,给自己一点时间。哪怕知道造成无意义感的原因是自己,也要理解自己,接受无意义感,并与这种无意义感进行对话。通过这种对话,让自己的情绪自然地流露出来,而不是被压抑在潜意识的角落,我们就能更好地了解自我。

其次,对自己进行一次深入地自我探索,听听自己内心深处的声音,找到自己的兴趣、激情、动力所在,看看能不能把自己的爱好变成挣钱的优势。人总是要生存的,而且大多数人都没有十几套房子等着收租,也没有当富二代的命。漫漫人生,与其做着不喜欢的工作,艰难坚持,气出

一身病；不如从自己的兴趣爱好入手，深耕其中，并且不断创新，拓宽人生的维度，提升人生的高度。

第三，你可以与身边真正关爱你的亲友分享你的想法或感受，听听他们的看法，尤其是过来人的经验。过来人一般已经人到中年，比年轻人更睿智，对生活还保有老年人没有的热情。多与身边真正关爱你的中年亲友交流，站在他们的智慧金字塔上看世界，他们会给你打开一个全新的视角，这也许是你走多少路都看不到、想不到的。

再接下来，你就该制订一个详细的计划了。如果你有多项选择，你可以先列出各种选择，慎重地衡量利弊，确定一个选择后，设立目标，确定清晰明确的实施步骤。哪怕你不能给自己确定清晰明确的步骤，也不要踟蹰不前，一定要让自己先行动起来，先试试水，而且通过在实践中不断地调整行动，你对人生会有更清楚的理解。

其实，这个世界上并不存在无意义的人生，只是我们人类感觉无意义而已。在有意义和无意义纵横交错的人生中，找到自己人生前进的方向，勇敢地向前走，乐观积极地面对，方能抵抗人生岁月之漫长。

2.
人生这场游戏，只有你能决定怎么玩

  小时候，我们总是很容易感到幸福快乐。一朵春天的小花，一件新衣服，一支粉嫩香醇的唇膏，一个新玩具，一双全新的跑鞋，一支写起字来很顺滑的笔……小小物件就能让我们快乐一整天；还有一些一做就开心的事情，比如和父母拥抱，和同伴一起玩捉迷藏，学自己喜欢的科目，做自己喜欢的事情……

  长大后，幸福快乐似乎离我们越来越远。不是因为幸福快乐变得稀有，而是因为我们被生活中的各种烦恼困扰，对幸福的感知力越来越钝化，感到开心的时刻也越来越少。

蔡垒磊在《认知突围：做复杂时代的明白人》中提出一个观点：人生最大的意义在于体验。人生不是一条笔直的跑道，更没有起跑线，所谓"赢在起跑线上"之类的理论是没有依据的，更是被一些擅长制造成长焦虑的行业大为宣传。我们的认知是复杂信息的集成，在不知不觉中形成了现在的自己。

人生是一场你想怎么玩就怎么玩的游戏。有人忙于升级打怪，有人忙于生计生活，有人高举自由与爱，有人奋战考研考公，有人看山看水看世界，有人找梦找心找自己。你就是人生的中心，这场游戏你想怎么玩？

"世界那么大，我想去看看"一度风靡全网，这句话来自2015年4月13日，一位教师的辞职信。她正忙着打包行李，即将离开生活了35年的郑州。几天后它被广大网友誉封为"最具有情怀的辞职信"。很多媒体打电话到学校询问情况争相报道，校领导听后表示，如果这件事真的发生在我们学校，那就只有顾少强。

辞职后的顾少强去了很多城市,后来到了成都,每天穿梭在巷子里寻找本地特色小吃,闲暇去听川剧,喝杯功夫茶,晒晒太阳。之后又到了重庆,和多年未见的老友一起生活,每天做饭、聊天、散步。

辞职的时候,顾少强兜里只有1万元,但是她有一个民宿梦,在一个有自然风光和人文情怀的地方开一家民宿,有一个小院落,结识天南海北的人,听来自世界各地的故事。

理想与现实的差距会告诉每个实践梦想的人。因为当我们作为一名游客的时候,民宿就好像是一壶茶,一本书,让自己可以悠闲地晒着太阳聊聊天。但是民宿主人作为一个实实在在的经营者,事实上要面临的困难很多,房屋固有问题没法彻底解决,不同客人对环境的需求不同,大夏天突发停电停水……很多事情需要站在不同的角度处理问题,在遇到问题时锻炼解决问题的能力,也从中不断获得经验。

后来,她在这里迎来了女儿,她把旅行的见闻与生活的智慧结合起来,言传身教,知行合一,用眼睛发现世界的美好,孩子也会有她自己的世界。

刚开民宿的时候,网上出现了很多质疑的声音,甚至还有人大老远跑来问她,你怎么开客栈了?商业化了?为什么3个月就停下来了?你怎么不去看世界了?顾少强好像被活在了很多人的想象里,实际上她从来没有答应任何人,必须活成谁想要的样子。

旅游旺季,她和丈夫在店里打点生意,淡季的时候出门旅行,践行自己的生活观,收获自己想要的生活。

如今的生活,被顾少强安排得满满当当。把自己的经历写成了书;受邀参加脱口秀节目,被评为"行走的段子手";开直播授课,讲授心理学,与大家探讨怎么变成有魅力的妈妈;接触不同的知识,想学什么就马上学习;看话剧,迷上昆曲,做短视频……用自身做例子,想影响更多人,成为更丰满的人。

她说,40多岁的我,更加热爱生活,自律积极,不断打破自我再重塑。我很喜欢现在的自己,接纳一切,在保持热情的同时,看待事物更加冷静深刻。

成为自己喜欢的人,过自己喜欢的生活,就是超强人生玩家。

对于顾少强来说,无论是做民宿还是上脱口秀,都是

她想要做的事，她能从中获得不同的体验，而不是为了获得经验成为民宿行业老大或者成为脱口秀达人。如果能从中获得快乐，那就是我们做这件事最大的意义。

人生说长很长，说短也很短。如果日复一日困在琐碎里，会被不断加深的无意义感在某一刻突然击垮。如果找到自己热爱的事，在平凡的日子里也能找到自己的糖，哪怕只有一点，也足矣。

如果你在生活中能找到三件喜欢的事，那么选择其一成为你将来从事的工作。如果可以选择的话，请尽可能保护好第一热爱，选择第二与第三热爱成为工作，为第一热爱保留单纯与自由。

一个咖啡师上班时间跟客人交流咖啡豆的产地、风味，家里也有很多咖啡豆，都是自己去其他城市旅游时买的，还有朋友知道他喜欢咖啡送的。不过他最引以为豪的却不是做咖啡，而是刚开始工作第一年时收入不高，却咬咬牙买了一个烤箱，休息时间去参加烘焙课程，学习做面包与甜点。他在面粉的世界里玩得不亦乐乎，揉面的力度，烤箱的热度，满屋的香味，面包出炉的成色，都带给他心满意足的快乐。

工作重复重复再重复,总会消磨热情。当你在工作过程中丧失希望的时候,还有第一热爱来拯救你,沉醉于自己喜欢的世界里,获取的能量是强大的。

也许有人会说,那我直接选择一个我不喜欢的工作就好了,反正到最后都会厌烦。在一个完全不喜欢的环境里,做一份一点都不喜欢的工作,是很难的。不要高估了自己对痛苦的忍耐力。厨子在家一般都不做饭,专职摄影师很少背着相机出门街拍,销售员私下甚至不喜欢接听电话……

如果世界上大部分人是平庸的,那么安于稳定平淡的生活,热爱日常,步履不停,也能找到漫长人生的漫天繁星。

如果此刻你正经历一些困惑,不如现在就想一想,还有没有让我一做就能立马感到开心的事。其实没必要现在就给它下定义"这就是我为之坚守一生热爱的事情",只要你此刻能感受到喜悦与平静,那么它就值得一试。

3.
和自己喜欢的一切在一起，活得开心而自洽

我们经常看到一些非洲或者东南亚国家的人文故事，大多数人并不富裕，可以说是贫穷又落后，但是他们活得很简单，从不忧虑生活。领了一周的薪水，就去喝酒享受生活，不花完不去上班，明天的事明天再说，明年还不知道在哪儿呢。

在中国或者说在东亚国家，内卷文化渗透在方方面面，越来越多的人都在反思，为什么我们活得这么累？追

根溯源,中国文化与儒家文化紧密联系,为世人,为父母,为子女,使命感教育伴随我们从小到大,脱离社会期待是不被允许的,我们还是活在了别人的期待里,却始终没有考虑自己。

随着时代的发展,新生代的我们,自我意识开始觉醒,社会文化必将随之变化。我们关爱自己,我们才是整个人生的体验者,我们不想再活在别人的评价里;我们关心父母,父母的成长环境和我们不一样,我们尊重他们的思想,但是希望他们不要用爱的名义来绑架我们;我们也爱我们的祖国,盛世锦绣,国民安康,生在华夏,是每个人眼里的光。

传统教育告诉我们,浪费时间是可耻的。节省时间是为了提高效率,多功能早餐锅可以同时蒸煮煎,高中三年吃饭必须快跑,农作物也开始压缩生长周期……

内心告诉我们,浪费时间是不可取的。但偶尔也想绕远路去吃个冰激凌再回家,春天的时候亲自摘鲜花送给朋友一束,也想请个假去公园躺一躺……

太多美好的事物不需要那么着急地到达目的地。大学刚毕业的时候,对所有的事物充满好奇心,几乎每天都是崭新的体验。上班遇到的新伙伴很棒让人开心;下班路上的清风让人感叹;街边水果摊的桃子好甜;周末没有人约,坐了一班环城公交,溜达了两个小时,半路看到一个很热闹的农贸市场,和叔叔阿姨们一起赶了个大集,买了点想吃的蔬菜熟食,啃着一串糖葫芦回家了,现在想想都觉得快乐。

学会忙里偷闲吧。以前上学的时候,班上总有刻苦认真、力争上游的人,百分之百努力,不懈怠一分。但是工作中,总是能力越强的人任务越重,你做得越好,所有的工作都向你涌来,谁让你每项工作都做得比别人好呢?废人就越来越废,你越来越累。

工作的时候,适当放下自己的使命感,做好自己的本职工作,在做合格打工人的同时,做点自己热爱的小事:做文案的工作者,拿起笔摘抄一些产生灵感的句子,书写的过程可以释放工作的压力;做设计的工作者,等待灵感降临的时候,在办公桌打造一个绘画的小角落,用马克笔涂涂画画,一个涂鸦小作品就诞生了。在工作中忙里偷闲,找到自己大脑的乐趣所在,这才是工作的意义。

高水平的生活,不是你买了多昂贵的香薰蜡烛,而是你盯着蜡烛看了多久。高质量的生活,不是你刚换了一辆豪车,而是你骑自行车接孩子放学时,看到路边的洒水车,然后你陪孩子看了好久好久。那些不足为外人道、油然而生感慨的瞬间,给了我们继续生活下去的能量。

我们无法保证人生的每分钟都有意义,所以大胆去浪费时间吧,感受到了什么,生命就是什么。有时候浪费的时间,又会以另一种形式回到我们身边,甚至带来惊喜。

无论工作多忙,生活多累,挤出时间去浪费的时候,你才会觉得自己是个富人。记录美好的时刻,感受生命的流动,感知自我的磨合,把时间浪费在自己喜欢的一切上,时光并没有虚度,它已经在我们内心生了根、发了芽,我们并不要求什么开花结果,感受即永恒。

无论你做什么,如果你感到开心和自洽,就不是浪费时间。

4.
淡人的快乐清单：
读点儿书

　　世界很大，我们能触及的真实边界小之又小，在自己的一日三餐里，在自己的早出晚归里，生活似乎一眼能看到头。

　　读书是世界上最小的穿越飞行器，可以带我们去到那些从未体验过的世界。我们的世界本来是个平面，却因为一本书，看到另一个完全不同的世界，感受到另一个人的心情。

阅读是唯一低成本增长阅历的途径,有效地发现你并不知道的事,读好书,重新洗脑,自我重塑,颠覆认知,正是这些事决定了我们人生的高度。尽管现代社会如此发达,交通如此便捷,读书仍然是我们普通人见识世界最好的方式。

可是现代生活节奏快,耐心越来越少,平静越来越少,纯粹越来越少,能够静下心来读书的时间也越来越少。

我们从小接受的教育属于被动学习,觉得读书是一个任务甚至负担,而只有主动学习才会带来享受。毕业后,主动学习的能力缺失,我们很难再坚持下去。想读书,但没有读书的欲望和兴趣;买回来的书大多没怎么看,看到新书

还是忍不住囤；没有读书的精力，总是被手机打断；有时候看了书，最后也不知道看了什么，什么也没记住……总会有各样的问题。没关系，有问题就有解决方案，最怕的是没有问题。

找到读书的兴趣。有没有特别喜欢的作者，有没有特别喜欢的一段话，找到最大的兴趣点，从这里开始着手，会更轻松一些。之前看到过一段话，"当你老了，回顾一生，就会发觉：什么时候出国读书，什么时候决定做第一份职业，何时选定了对象而恋爱，什么时候结婚，其实都是命运的巨变。只是当时站在三岔路口，眼见风云千樯，你做出抉择的那一日，在日记上，相当沉闷和平凡，当时还以为是生命中普通的一天"。当时觉得这段话好有力量，回顾间充满了人生的宿命感。为了这段话，我两天看完了这本书。

创造读书的环境。如果有完全独立的周末，可以一天用来和朋友外出游玩约会，一天完整地交给自己。选择一个感到轻松的时间段，比如充满阳光的下午，在面向窗外的桌子上，放几枝昨天带回来的花，拿起笔，打开书，看累了就趴在桌子上放空；洗完澡的晚上，点上香薰，打开床头的台灯，趴在刚换洗完床品还有点洗衣液味道的床上看会儿书。不用规定自己一定要看多久或读完多少内容，先慢慢培养阅读的习惯，让自己找到读书的放松感，我们才能找回对书籍的好感。

　　学习读书的方法。为什么我们买回来了好多书，却没有几本是看完的，其实不是每一本书都应该从头读到尾。除了功能用书或者研学用书，首先要学会快速阅读，然后是选读，最后是精读。如果没有充足的时间，你完全可以选你最喜欢的那一小部分阅读。哪怕是一本500页的书籍，只要有一两段内容对你真正有帮助的话，就算你只读这些，其实你买这本书的目的就已经达到了。我们的大脑无法百分之百地吸收全部内容，只获取自己需要的部分就足够了。

　　培养良好的阅读习惯。因为手机、电视、网络、零食等即时刺激，使得我们精力越来越分散，无法长时间集中注意力阅读。最好的办法就是切断诱惑，把手机设静音放在更远一点的地方，不要一边吃零食一边看书。刚开始阅读会有点困难，慢慢的专注时长就会从几分钟到十几分钟到一个小时，习惯是可以通过有意识地训练慢慢培养起来的。

试着从阅读中获得自己的见解。读书不是为了把别人的经历看一遍,不是为了把别人的认知背一遍。同一个故事,每个人会有每个人的理解,尝试着把自己的感悟,写在书的某一处空白,写下此刻的日期。当你有一天又看到这一页的时候,我相信,你会有完全不同的答案。

好书要多读。有的作者用尽一生的经历与才华写出一部经典作品,我们几天、几个月就能读完,是我们有幸。所谓"读书百遍,其义自见",要想更好地理解一本书,多读几遍是必要的。第一遍速读,第二遍选读,第三遍精读,吸收

精华，化为自己的精神食粮。

时时读书，参透生活本质，可以使人通达，不固执，不随波。当面对生活无为的时候，你才明白生活本身就是时而好运，时而逆风，唯有我内心稳定，所有风雨我都会感受，穿越风暴的我已不再是原来的我。

多多读书，穿越时光、宗教、国家与偏见，找到更大的世界。烟花三月的扬州、姑苏城的寒山寺、淡妆浓抹的西湖，因为千年文化的照耀，它们永远年轻，因为总会有新人为那句从小背的古诗来到这里，看一眼文人墨客笔下的江南。

慢慢读书，找到内心真正的平静与自由。爱读书的人气场都是相似的，恬淡、温暖，像春风一样和煦。书籍给你带来的沉淀是从内而外的，读书会和吃饭喝水一样养育人，化作我们的血和肉。书中未必有黄金屋，但一定会有更好的自己。

这个世界忙忙碌碌，我们不能要求每个人都是精英，出人头地不是人生全部的意义，有完成大理想的能力也不要荒废。我们依旧可以选择不慌不忙，过好自己的小日子，追求内心丰满，真诚坦荡，畅游人间。

很喜欢加缪先生这段话：

"只要我还一直读书，我就能够一直理解自己的痛苦，一直与自己的无知、狭隘、偏见、阴暗见招拆招。很多人说和自己握手言和，我不要做这样的人，我要拿石头打磨我这块石头。我会一直读书，一直痛苦，一直爱着从痛苦荒芜里生出的喜悦。乘兴而来，尽兴而归，在一生中，这是很难得的一件事。"

不要为了阅读而阅读，不要带着使命去读书，读书不是一定要获取什么，要享受阅读本身的乐趣，剩下的都是附带的价值。

有句话说得很好：我看过很多书，可是我并没有背过经典语录，也无法描述主人公一生的经历，甚至忘了看了些什么。就像我们一生吃过很多饭，也不会记得每次吃的是什么，都化成了你的血与肉，成了现在的你。

最后这段话，送给你。如果你也喜欢它的话，希望你找到这本书，读完这本书。行动从此刻开始。

5. 独立，是一个人最大的底牌，请你成为自己

世界是参差的，多数人是资质平平的普通人，我们可能没有改变世界的能力，但我们有清醒认识自己的能力。他强任他强，他弱任他弱。清风拂山岗，我自岿然不动。

认清世界运行机制，看清生活的真相，脱离别人对自己的幻想，听自己内心的声音，做令自己感到开心的决定，请你成为自己的英雄。

什么是独立？

在很多人眼里，独立可能是自由自在、不受种种约束，

去做自己想做的事。其实这不是独立，这只是散漫、叛逆，想脱离谁的控制。

真正的独立是发自内心，出于理性，看清生活真相，依然热爱生活。真正的独立是思想的独立，人格的独立，人生道路的独立。

首先，思想独立。脱离外界，不再迎合环境的要求，不再随波于群体的期待，成为独立的个体。认识自我，不断向内寻找自己，发现自己的变化，陪自己不断成长。敢于释放真正的自己，对外界展现真实的自己，追求自己想要的状态与生活。

第二，人格独立。这意味着理性成熟，能以更多不同的角度、更整合性的视角看待世界、他人与自我；拥有属于自己的一套价值体系，独立的思维、独立的行为、独立的准则，不依赖他人；完整接受反馈的能力，无论是正面反馈还是负面反馈，能自我消化反馈。

第三，道路独立。每个人都会通过不断学习来认识外界，掌握规律，不断突破，超越自我，选择适合自己的人生道路。有人善良温和，有人以暴制暴，有人看淡名利，有人追求权力,有人投机取巧,有人刻意伪装,每一种都是独立的。

人生是不断寻找的过程,每个阶段会有不同的答案,而每个答案总和就成了我们人生的意义。你在寻找的过程,不断用自己的内核去碰撞,自我不断与世界对话,不断翻新自己,不断成长的精神,就是独立精神。

那如何才能做到独立呢?

完全接纳自己。你要真正地了解自己,接纳自己的不完美,坦然面对自己的欲望,以乐观的心态对待自己。我是个善良的人,性格不是很好,我来自落后的村庄,有爱我的家人,我想要考上好大学找好工作,拥有更好的生活。

独立的生活。经济独立,你才能拥有更多选择权和主动权去做自己想做的事,按自己的想法过自己想要的生活。生活空间的独立,才能培养自己独立生活的技能,提升自己处理问题的能力。从心理上脱离对家庭的依赖,把自己当成独立的大人,独立地面对生活,才能有强大的内在力量。

培养自己的兴趣爱好。至少要有一个能让自己内心感到愉悦和充实的活动,通过发展个人爱好,有自己与自己相处的能力,收集内在的能量。

锻炼情绪控制力。学会面对自己的情绪,有些情绪是外界引起的,要学会处理问题;而有些情绪是我们身体的反应,要客观地看待情绪,不要去感受它,慢慢提升自己对情绪的控制力。

把控自己的生活节奏。当你越来越清楚自己想要的是什么,那么生活就如同你手里的风筝,你想让它怎么飞,全凭你手中的线。当生活如你所愿的时候,安心享受它;当你觉得它不自在的时候,尊重你的第一直觉,去改变修正它,尽管这个过程有些难,也相信自己可以做好。

一个人最精彩的快乐是心灵的满足;成年人最高级的快乐是平静和自由。一个人内在越丰富,对外在的需求就越少,别人对自己的重要性也就越小。

> 请你成为你自己:不被性别定义,你可以如花,可以似风,可以像块石头;
> 请你成为你自己:不被年龄定义,可以永远谈恋爱,可以永远像少年;

请你成为你自己：不被他人定义，不听别人嘴里的你，只写自己的故事；

请你成为你自己：接纳自己的一切，永远爱自己胜过爱他人；

请你成为你自己：坚持做正确的事，对得起自己，对得起天地；

请你成为你自己：允许一切发生，尽人事，剩下的都是注定要经历的。

如此，你永远是你。

你不需要成为更好的自己，而是更好地成为自己。

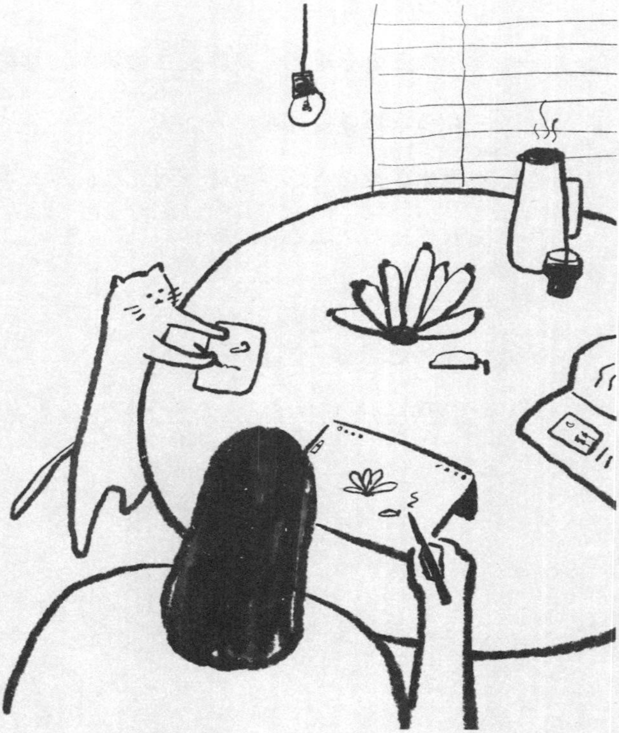

第三章.

比起轰轰烈烈，
淡淡的感情也可以很美好

亲密关系是你与这个世界最真实的链接，情感流动也是我们与世界的镜子。

但面对亲密关系，我们总有各种迷惘。我们常常听到"你应该找一个有车有房的伴侣""你应该在30岁前结婚"这样的声音。虽然这些声音可能出自好意，但真的是你想要的吗？

感情，是检验一个人是否能够做自己的试金石，只有真实地做自己，真诚面对自己的需求，勇敢地表达自己的需求，爱我们的人才能真正了解真实的你。

有时候，我们可能会因为害怕失去而妥协，或者因为追求短暂的快乐而迷失。

而在感情中做一个"淡人"，可以帮助我们学会做自己。这并不是要把心与世隔绝，而是要在纷繁复杂的世界中，学会倾听自己内心的声音，这样才不会被外界的喧嚣淹没。不为了迎合他人而改变自己，也不因为害怕孤独而草率决定，这样才能在感情的道路上，走得更远、更稳。

1.
认识自我，维护内心的边界与秩序

  我们为什么会需要亲密关系呢？当你遇到心仪的人，想与他有进一步的关系发展，有没有想过，我们想从这段关系中收获什么呢？

  陪伴？我们生来孤单，需要强行改变关系来达到相伴的目的吗？

  爱情？短暂的激素反应，心情的愉悦是绚丽的，也会是幻灭的。

婚姻？仪式是亲密关系的包装，婚姻并不是亲密关系的目的地。

在与伴侣相处的过程中，其实是我们探寻自己内心的过程。我们通过自己的观察，结合内心最真实的感受，来判断对方和自己是否合适，TA是不是自己一直寻找的那个人。发展一段关系的目的不是给予与接受彼此的爱，这只是表面的，每个人都是通过这段关系来了解自己的内心。

当一对情侣刚进入热恋期，其实不算真正进入亲密关系。并非所有的恋人、夫妻都是亲密关系。在相处过程中，有很多外人不容易察觉的貌合神离，也有内在关系破裂仍然互相纠缠的相处模式，他们却自认为进入了阶段性的亲密关系。世界上，有些人并没有真正地敞开内心，一直把人拒之门外或者被人拒之门外，不具备与人亲密的特性。

当一段感情慢慢度过热恋期，随着亲密程度的增加，往往伴随着一个现象——频发争吵。争吵是两个人磨合内在需求不可避免的过程，有人克服了这个过程，感情得到进一步升华；也有人内在无法达到统一，感情结束也是在所难免；也有人重新开始一段感情，擅长逃避此类问题，甚至幻想这是别人的问题，期待用换人的方式解决问题。

这些现象的出现，归根结底是因为没有认清亲密关系的本质。

亲密关系是两个人之间的互相影响与依赖，我们希望它是真挚的，我们对待彼此的感情由心而发；我们希望它是尽可能长久的。

良好的亲密关系是我们情感支持的来源，它们为我们提供了安全感、归属感和自我价值感。在亲密关系中，我们能够分享喜悦、悲伤，以及生活中的点点滴滴。

然而，在建立良好亲密关系的同时，我们必须维护自己的内心边界。内心边界是我们为自己设定的心理防线，它界定了我们可以接受和不能接受的行为和情感。清晰的内心边界可以让我们在亲密关系中保持独立的自我，避免被他人过度侵犯和伤害。

如果你的内心没有明确的边界，就很容易在亲密关系中失去自我。你可能会为了迎合他人而放弃自己的原则和价值观，或者过度依赖他人，失去独立思考和行动的能力。为了取悦对方，你可能会无原则地迎合伴侣的所有喜好和需求，放弃自己原本的兴趣爱好，甚至放弃自己的价值观和人生目标。这样的亲密关系往往是不健康的，会给我们带来很多痛苦和困扰。

相反,当我们拥有清晰的内心边界时,我们就可以在亲密关系中保持适度的距离和独立性。我们知道自己的底线在哪里,不会轻易被他人的行为和言语影响。同时我们也能够尊重他人的内心边界,给予对方足够的空间和自由。这样的亲密关系才是健康、稳定、持久的。

在建立良好的亲密关系和明确内心边界的过程中,沟通起着至关重要的作用。当两个人相处开始出现问题,要慢慢学会看清问题,磨合两个人的沟通方式,学着解决问题。两个人情绪不好时,是把话当场说清楚吵明白,还是暂时放一放,先让情绪平静,再沟通问题,都需要两个人达成一致才好。如果两个人吵架都吵不到一起去,那可能就失去了沟通的意义了。

每个人都是一颗孤独的星球,在自己的轨道上默默旋转。即便其他星球对我们产生影响,我们依然拥有自己的轨道。轨道就像是我们的内心边界,让我们在爱与被爱的同时,也能保持自我,继续在星际间自由地旋转、闪耀。

2. 淡然自爱，是一生的修行

我们在成长的过程中，一直在接受教育，可是人生最重要的三个问题却从没有人教过我们：如何爱自己，如何寻找人生伴侣，如何成为父母。

在这个世界上，缺爱的人比缺钱的人多。我们都知道如果我们没有钱，就没办法给别人钱。所以如果我们两手空空，未感受过爱，又如何知道何为爱，如何爱自己、爱别人、爱这个世界？

无论你现在是单身，还是已经进入婚姻，不要期待别人来爱自己。期待别人爱自己是小时候没有在父母身上得到情感满足的体现，长大后就需要我们正视这种心理缺失。缺爱不是贬义词，这是爱的能力的缺失，是一种情感的表现。就像性格有内向和外向，但好像大家都喜欢性格外向的人，难道内向就是错的吗？不是的。

爱是一种能力，一种情感，爱是给予，是自我付出，并不期待等价的交换。在美好家庭出生的孩子，首先在父母身上就感受到了美好的爱，他们无条件爱你，尊重你，虽然两代人有不同的社会观念，但是他们依然尝试理解你，

支持你的任何决定。美好的爱让孩子拥有足够的底气做自己,所以有些人内心像住着太阳,他们爱自己,爱朋友,爱生活。如果你在身边见过这样的人,那是因为他们有美好的父母,但不是每个人都有美好的父母。有些人虽然成了父母,但是他们却没有好好养育子女,甚至他们都不曾做好自己。因此我们才想重新养育自己,因为我们想成为美好的人。

你喜欢现在的自己吗?

如果答案是肯定的,恭喜你,请继续做自己喜欢的人。

如果答案是否定的,那也恭喜你,因为这正是你改变的时刻。

请停止自责,不要再攻击自己。这是最重要的。也许身边的人曾经用这样的言语对待过你,"你好笨、没出息、没骨气、真没用"等,给你贴标签。但是,你是否这样说过自己? 他们在伤害你的时候,不要接过伤人的剑,继续自己伤害自己。当我们觉得自己不够好的时候,会把自己拉入深渊,情绪影响身体,身体的能量会立马降低。这时候需要自己开导自己,从内心接纳自己,不要隐藏自己。

请停止自己吓自己。现代社会生活压力大,来自工作、教育、家庭、住房等方面,压力大就容易缺乏安全感,生活里一旦出现变动,容易把事情想得很严重,害怕出现最坏的情况。领导的一句玩笑,你觉得他在内涵你;朋友最近忙碌,你们缺少了联系,你觉得是不是你们不再是最好的朋友……如果你发现自己习惯自我暗示不好的事情,请开始想象美好的事情来替代它。仰慕的人,喜欢的宠物,海边的日落,想想那些可以给自己带来能量的事物,慢慢地引导自己,不断重复,就能改掉不好的习惯,让自己更积极。

请把最大的耐心给自己。我们的痛苦来源是我们总想立马拥有。我要立马拥有高薪高职,我要立马拥有花不完的金钱,我要立马拥有顶流人气。当然这不仅仅是我们内心的需求,也是整体环境在我们内心的映射,浮躁的大环境让我们越来越没有耐心。学着让自己慢下来,如果赶不上这班地铁,那就走走路吹吹晚风吧。种下一粒种子,养一株植物或者盆栽蔬菜吧,你会看到每天不一样的它。像种花一样,给自己输送阳光、水分、氧气,自己才能好好生活。

请重视自己的情绪。我们开心的、沮丧的、庆幸的、悲伤的情绪就像是一条条池塘里的小鱼,但是我们不能只盯着小鱼过日子,把池塘修建好才是我们要做的事。不要因为一时的消极情绪厌恶自己，找到适合自己的情绪出口，去散步，去吃点好吃的，去和朋友聊天，每天花点时间，让身体和心灵得到放松，让我们的内在越来越有序。

请赞美和夸奖自己。指责会让自己不断下沉，赞美像蝴蝶一样，轻飘飘，却带你向上。如果你想拯救自己，那就多多赞美自己，夸奖自己，鼓励自己。每天睡前找一件小事夸夸自己，积少成多，你也会变成小蝴蝶。

请爱自己的缺点。大家都明白，世界上没有人是完美的，缺点不是瑕疵，反而是我们的标记。我记得小时候因为皮肤比同学们要黑一些，所以一直不敢穿白色的衣服，怕显得我更黑。到高中十几岁才买了第一件白色的衣服，噢，原来不难看。直到30岁，我突然想明白了，一件冷白色但是剪裁很好的连衣裙，长度到脚跟，我身高170+，体态挺拔，自信就是最好的衣架，显黑吗？我已经不在乎了。

请原谅自己和他人。你肯定也做过错事吧，大大小小也无所谓了，已经过去了，只是这些事也在心里留下了疤。父母、爱人、孩子是我们最爱的人，但往往最爱的人也最容易伤害我们，你现在谅解他们了吗？不懂得原谅的人，其实往往是不爱自己的人，因为自己过不去，最难受的人是自己。和自己和解吧,也原谅那些人吧,当我们选择原谅的时候,释然的是自己,给自己卸下了沉重的包袱。

请你不要再拖延了,从此刻开始爱自己。你学会了爱自己,他人的爱就是锦上添花,就算没有人爱我又怎样,我能照顾好自己,照顾好自己的世界,我已经开始慢慢变得幸福。我在欣赏日落的时候,带给我满足的是美好的天气,如果恰好有一个人驻足在我身边,那我们就一同欣赏日落。一段成熟且舒服的关系,不是我拼命地眺望他,讨好他,等待他来爱我;而是他能主动看到我的好,我们彼此关心,选择共同经历人生,感受生活,就算以后分开,我也能好好爱自己。

当你开始真正爱自己,你生命的维度会发生奇迹般的改变,就像一个二维的扁平图像,来到了三维的缤纷世界。你就期待吧,爱自己,是终生浪漫的开始。

3.
情感需要自由空间，才能共同成长

  共同成长是一个复杂的命题，因为亲密关系是两个人的事情，比自己一个人的事情复杂得多。你在关系中是否有成长？对方是否同步成长？这段关系是否是成长型的？虽然不同的人会有不同类型的亲密关系，成长型亲密关系却是所有人都期待拥有的。

  一个人进入一段感情，个人成长是最先经历的，三个成长节点也是自我的探知。

第一次成长,打破理想型。我们每个人对未来伴侣都有一个想象,因为周围人的影响或者自己的感情经历,我们会有一个自己的择偶标准。比如有些女生择偶会以爸爸或者舅舅为标准,在她们的成长过程中,如果自己的爸爸或舅舅在生活中是一个有担当、有生活智慧的人,他们的形象就是正向引导。反之,如果他们的形象是反面教材,女生的择偶标准就是——我将来找的伴侣绝对不能像我爸那样。

但是人不是3D打印,绝对理想型是不存在的。恋爱中的第一次成长,是意识到自己理想的标准与现实是不符的。我们要明白自己设定的条条框框,哪些是主要的,哪些是次要的,学会抓大放小,接受不完美的伴侣,就像接受不完美的自己。

第二次成长,保留边界感。人与人之间需要有边界感,关系不同,边界线也不同,包括身体、经济、心理等方面。在日常社交中,我们一般能够很好地掌控边界感,但往往越是亲密的关系,我们就越难把握。最亲密的关系也不是百分之百亲密的。那些打着"为你好"旗帜的行为,在我们看来,可能是一种过度干涉自己的越界行为,日常积累下来,会让我们严重不舒服,导致关系越来越压抑。

在亲密关系中,有时候我们自己也无法控制自己,想要时刻和对方在一起,约束对方行为,想查看对方手机,干涉对方日常安排,似乎是关注对方,其实已经侵犯了对方的边界。如果对方让你觉得不舒服,我们要学会拒绝,保护好自己,不要为了爱委曲求全;如果我们掌握不好边界感,让对方不舒服,那我们首先要学会尊重,尊重是爱的前提。

第三次成长,没有人永远和你同步成长。在现实生活中,不缺乏这样的案例:我毕业后选择考研/考公,努力提升

自己，却发现对方停步不前，不适合自己了怎么办？下班后对方一直打游戏，我想让他跟我一起锻炼、看书、学习，对方不愿意怎么办？只有一个人成长，伴侣并没有为了我们更好地生活而努力怎么办？

成长是有阶段性的，人生浮浮沉沉，所有事物都有自己的节奏。当你努力的时候，你希望对方同样努力；当你追求稳定的时候，你又希望对方不要太激进。这是不公平的。以成长的名义改造对方，就如同"为你好"的口号，都是一种爱的绑架。世界上没有人和你一模一样，也没有人永远和你同步成长，人永远只能为自己的成长负责。

两个人成长不同步的时候，考验的是相对成熟一方的智慧。

你的成长是为了自己，不要说是为了给对方更好的生活。利他动机的成长很容易产生巨大的心理不平衡感。自我成长的第一受益人是自己，要找到为了自己而成长的动力，你成长是为了让自己内心更强大，为了让自己提升生活质量和幸福感，不是为了他人。

用自己的行为引导对方，而非命令。一般来说，在一段成熟的感情中，如果你通过学习和成长而发生改变时，对方也会慢慢受你的影响而一起改变。比如，你爱上早睡早起跑步，对方喜欢深夜刷剧玩游戏，你早上不要硬把对方叫醒，而是跑完步，经过早市把他喜欢的早餐买回家摆放好，端到他面前，他吃完饭也睡不着了，可以一起做做家务，享受一下早上的阳光。对方慢慢习惯早醒，早醒自然也会困得早，就这样，你的行为慢慢引导对方同步。

学会欣赏伴侣。不要只盯着对方没有的东西，而是发自内心地欣赏对方。伴侣可能不爱运动，但是他却做得一手好菜，你说想吃什么，他便早早从超市买回来，已经提前腌制上了。当对方尝试一次和你早起跑步的时候，由衷地夸赞对方：你虽然不是特别瘦，但是穿瑜伽裤也很好看！我们一起运动一段时间，身体肌肉线条肯定还会更好看！让对方更愉悦，在你的爱里更自由。

永远保持自我成长，无论是外在技能的提升还是内在的修炼，永远把注意力放在自己身上，成长是让自己更加完整，让自己更有力量。

4. 学会松绑,保持真实、坚定、尊重

每个人到了一定年龄会自动进入成人社会,但不是每个人都能自动成为一个成熟独立的成年人。

成为成熟独立的成年人的第一条,是明白伴侣不是爱与幸福的唯一来源,我们要懂得爱自己,接纳自己,为自己的情绪和感受负责。

小孩子会通过哭闹、撒娇、发脾气来要求父母达成需求,很多人长大后依然用同样的方法来获取伴侣的爱与陪

伴。我们处理情绪的能力往往没有我们实际的年龄与智力成熟，很多隐匿的情感都是自己摸索着如何应对，即使是摸着石头过河，我们也要学会。

在亲密关系中，就普遍性而言，女性的情感需求是高于男性的。很多女性觉得自己的很多需求没有得到满足，觉得对方没有重视你，对方没有时刻关注你的情绪，对方态度不好等，于是出现越来越多的不满，导致自己有一种委屈感。但是这种委屈的感觉其实不是伴侣造成的，而是源于你内心的匮乏。你对感情有很高的预期，希望对方能填补你内心所有的空缺，满足你所有的需求，但现实中是不可能的。

如果你在情感中是高需求的人，那么你在亲密关系中是不是这样的：你为什么不接我电话？你下了班为什么没来接我？你加班为什么没有提前告诉我？你为什么总是忘了给我拿快递？所有的主语都是"你"，你总是在指责对方，你总是审视对方有没有满足你的需求。当你的注意力都放在自己的需求上，一直盯着伴侣的行为，对方一旦不符合你的预期，你就会情绪化，感觉自己不被爱，就会有委屈感。这些负面的情绪，就会引发你对伴侣的攻击。

你需要把所有的主语换成"我"：下班后我要先拿小件快递回家，把大件快递取件码发给对方，提醒他记得取回来；今天不想在家吃，我要想想自己想吃什么，把三个选项发给对方，一起做选择；周末我想出去玩，如果你有时间，我们就一起去上次没去的那个地方，如果你没时间，我就约着我的小姐妹去打卡咖啡店。

把注意力放在自己身上，不过度依赖伴侣的行为反馈，做到情感的自足，才是不委屈自己的关键。

要想拥有一段健康的亲密关系，就要允许对方做自己。我们每个人的遗传基因不一样，原生家庭的相处方式不一样，成长经历不一样，注定了我们会有不同的生活习惯，不同的价值观，不同的情感表达方式。

改变对方背后的逻辑就是你不认可对方，不接受对方当下的状态，对当下的对方不满意。你希望对方以你想要的方式来爱你，你希望对方以你的生活习惯为主，你希望用你的大脑来控制对方，对方可能短时间会有所改变，但是长远看来，这种改变是不持久的。我们不能以爱的名义来绑架对方，使其为我们做出改变，除非对方愿意主动做出改变。

两个人在一起最舒服的状态,是做真实的自己,不束缚,不控制,不占有,用心爱,共同负责,共同陪伴。保持自己独有的光芒,同时享受与伴侣之间的亲密与温暖,始终是我们需要学习和成长的人生课题。

学会给伴侣松绑,尊重对方的个人选择,鼓励对方的个人成长。每个人都需要有自己的时间和空间,我们应该理解对方独处或者独立社交的需求,给予对方足够的空间去发展个人的生活兴趣。尊重对方做出的选择,对方也是成年人,在做决定前肯定也有充分的考虑,我们站在伴侣的角度适当给出意见即可,下决定的事交给对方。鼓励对方成长和发展是一种美好的品质,无论是学习新的知识,还是尝试新的工作机会,都是生活中的历练,勇于挑战自我也是面对人生更积极的态度。

在我们亲手建筑的亲密世界里,你仍然是你,我依然是我,我们互相惦记,互相陪伴,互相支持,活在爱里面。

5.
不成为彼此的附属，只为成为更好的自己

  建立深度的亲密关系，需要两个人袒露真实的自己，以真诚的心去接纳对方，倾听对方真正的需求。两个人不断向对方靠近，在共同成长的过程中，不断完善自我，培养内在安全感。只有在亲密关系中保持内核稳定，减少内耗，我们才能拥有松弛的人生。

  如何做到恰到好处地爱呢？这是一件很难的事。两个人在一起生活，不可能只有好的一面，那就尽可能享受互

相碰撞和磨合的过程,这也是爱的一部分。

不要过度揣测对方的意图,而是要专注自己的感受和需求。特别是在恋爱初期,刚开始接触的两个人,还没有完全袒露真实的自己,我们才会过度分析每一个行为背后代表的意思,哪句话是什么含义,总是用一些表象来验证爱。其实后来的我们都会明白,对方的意图不是最重要的,重要的是你是否享受这个过程。不用纠结,尽情去享受爱的过程吧。

了解自己的需求和期望,与对方达成共识。我们首先要学会了解自己,认识到自己在情感中是一个什么类型的角色,有人性格柔软,有人性情强硬,有人想要平等,有人想要被保护,你只有知道自己想要什么,才能更好地掌握感情。同样,你也要了解对方的需求,互相达成共识,才能在爱的游戏里,获得最佳体验感。

明确自己感情的底线。在亲密关系中,我们要明确自己的底线,什么样的行为或心理上的触犯是绝对不能容忍的。如果前期没有合适的机会说明,在日常的相处中,对方一旦触碰了我们的底线,要学会勇敢表达,亮出红灯。如果你不明确表达,对方可能一而再、再而三地触碰,会让你陷入痛苦。要明白,他人对待我们的方式,是我们教会他们的。因为每次行为的发生都是你默许的。

提前约法三章,树立交往规则。这是在确定关系后一个很好的相处秘诀,选定一个时间,共同制定相处规则,哪些行为是自己特别讨厌的,有则改之,无则加勉;当对方生气的时候如何哄好,日常如何表达爱意等。这些规则包括互相尊重、互相理解、行为禁止等方面,可以帮助我们更好地相处,又可以快速增进彼此的感情。

遇到问题,解决问题。建立亲密关系就是磨合我们之间的不同之处,相同的东西只是在磨合后变得更加润滑。当问题出现让我们感到不舒服的时候,先用沟通的方式来解决。沟通是建立在不强迫对方接受我的观点的基础上,你可以不接受我的观点,但你要认同我的感受,我的感受是真真切切发生了。在相互尊重和理解的基础上,尽量达成一个共识。制造问题的一方要尝试改变行为,或者直接解决问题;感受问题的一方要给予对方时间与耐心,协助解决问题。比如,不喜欢烟味的人可以协助对方戒烟,有洁癖的人要思考如何接纳对方制造垃圾。

建立高质量的沟通。做好这一条,其实上面的问题自然迎刃而解,但是这一条也是最难的。能沟通,不吵架;能吵架,不分手。心理学上有个"费斯汀格法则"——生活中的10%是由发生在你身上的事情组成的,而另外90%则是由你对发生的事情做出的反应决定。也就是说,一件事最终发展成什么样子,关键在于我们的态度和处理方式。那些远离内耗的伴侣,并不是没有矛盾,而是因为他们有更加健康的相处方式与沟通的智慧。可以通过培养深度沟通的能力,让对方成为你最好的朋友。

人们总说,不要觉得世界围着你转。我反而想说,你就把自己当成世界的中心,只有你的感受才是最真实的,世界因为你的感受而存在。当你舒服地做自己,处理好了自己和自己的关系,也就处理好了亲密关系。

6.
情感求深度而非宽度

简·奥斯汀笔下的爱情故事细腻而深刻,她一生写出过很多经典作品。电影《成为简·奥斯汀》是基于她本人的一段经历改编成的爱情故事。20岁的简,遇到来自爱尔兰的年轻律师汤姆·勒弗罗伊。起初,汤姆对简的写作嗤之以鼻。然而,随着相处时间的增加,他们逐渐发现了彼此的优点和魅力。汤姆看到了简的自信、聪颖和独特,简也感受到了汤姆的热情、正直和才华。尽管他们的感情面临来自家庭和社会的重重阻力,但他们在精神层面彼此契合,在困境中相互坚守,在牺牲中成全对方,经过岁月的沉淀依然对彼此深情不减。

虽然两人最终没有走到一起,但这段感情成了奥斯汀创作的重要灵感来源。她在作品中对爱情的深刻理解和细腻描绘,或许很大程度上源于她自己对这段感情的深度思考和感悟。

在一段感情中,深度往往比宽度更重要。

婚姻也是如此。婚姻不仅仅是两个人的结合,更是生活方式的选择和情感深度的体现。

人们试图将婚姻划分为不同的等级:

"低级"的婚姻,往往被视为一种社会和生物因素导致的必然结果,它可能缺乏情感的深度和个人的成长,只是为了满足外界的期待和基本的生理需求。在这样的关系中,夫妻双方可能只是凑合过日子,他们的生活充满了日常的琐事,却缺少了心灵的交流和情感的滋养。

"中级"的婚姻,则是建立在相互扶持的基础上,夫妻双方携手共度人生的风雨。他们可能没有太多的激情和浪漫,但有着平凡生活中的相互陪伴和对稳定生活的追求。他们的关系可能没有太多的波澜壮阔,却有着平淡是真、细水长流的温馨。

而"高级"的婚姻,有一种更深刻的情感联结和精神共鸣。在这样的关系中,夫妻双方不仅是生活的伴侣,更是灵魂的伴侣。他们相互"增值",激发彼此对生活的热情和对世界的好奇,共同探索和体验更多维的世界。他们的关系充满了活力和创造力,是真正的心灵伴侣。

众生参差,每个人多多少少都见过不同婚姻的样子。而淡人往往追求的是更高质量的生活,不限于婚姻。

因为他们重视的是人与人之间的真实联结。单纯的陪伴或许能够带来一时的热闹,但缺乏深度的联系往往无法触及内心最真实的需求。深层次的情感联结能够带来归属感,从而减少内心的孤独感,并带来内心的宁静。

培养和维护深度的感情关系是一门艺术,需要成熟、智慧和双方的努力。

成熟的人,在婚姻中能够接纳自己、接纳别人,也能接受所处的环境。无论是顺境还是逆境,他们都能从容应对,他们虽然不见得喜欢现状,但会先接受这个不完美的现实,负起责任,努力改善现状,感受生命的不同状态;他们内核稳定,不依靠别人来满足自己的安全感;他们喜乐有余,常常愿意与人分享美好,却不太需要向别人索取什么;

他们懂得享受简单的事物,能感受到生活细微的美好,从平淡的生活中找到乐趣,体验人生的美好意义。

智慧的人,能在婚姻中展现出超凡的判断力和深刻的洞察力。他们能够全面客观地看待人和事,保持单纯善良的心,了解人性,明白事物的客观规律;他们尊重自己和他人的命运,相信真善美的力量。都说婚姻是一座围城,外面的人想进去,里面的人想出来。一个人享受孤独是人生,一个人期待遇见灵魂伴侣是人生,两个人相爱相伴一生是人生,两个人相伴一程分道扬镳也是人生。

婚姻是一所成人大学,历练自己的同时也历练伴侣。好的婚姻是相互滋养,相互成就,婚姻是我们终身修炼的课题。

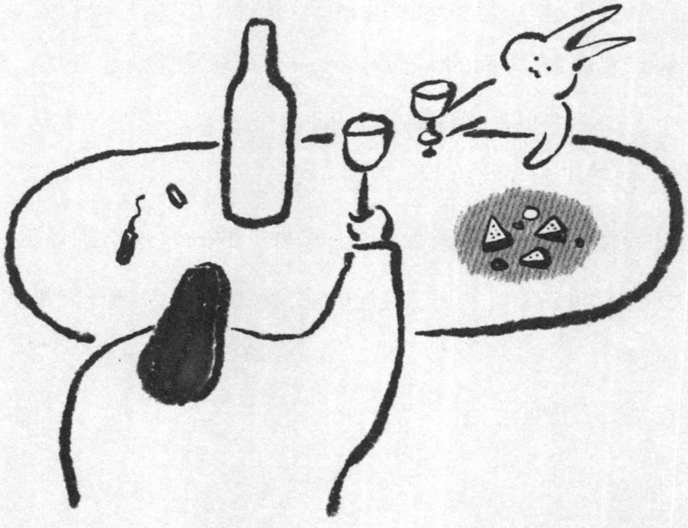

第四章.

不被定义，自由生长

人生的定义从来都不仅局限于漂亮，漂亮或许能在某些瞬间吸引他人的目光，但真正能够赋予人生深刻内涵与价值的，是要活得勇敢、自由而美好。

　　每个人都渴望能够在不受束缚的状态下，随心所欲地追求内心向往的那份自由与美好。不困于世，不困于心。不被任何人影响自己的节奏，拥有从内而外的自信、明媚和勇敢和有蓬勃向上的生命力，取悦生命的自由感。当你开始真正爱自己、只专注于自己真实的体验感，人生才真正开始。

　　这样的你超迷人。

1. 自由随性是淡人的治愈良药

"人生不是轨道,是旷野",这句话来自电影《普罗米修斯》。在电影的语境中,"旷野"是地球正面临着可能被外星人摧毁,充满未知的命运,其实并非是关于人生美好的想象。是我们给它赋予了美好,我们想要自由,我们想要勇气,我们想要得到。

人生有各种各样的可能性,我们的能力不一样,兴趣不一样,出身不一样,但是都在以一种大多数人期待的方式度过自己的人生,最终却活得拧巴、纠结、焦虑。

我们一路都会被拿来比较,比成绩、比学校、比工作,活在别人的镜子里。一旦脚步慢了,我们就开始质疑自己,为什么同学们朋友们都结婚了你还单身?为什么别人事业有成你还在基层打工?为什么他们在大城市奋斗买房买车你却在小城市还房贷?

　　在千年文化的传承中,有"三十而立"这一经典说法,因为那个时代的人平均寿命只有五六十岁。那么,"立"的是什么?立内心的成熟与稳重,立情绪的平和与积极,立看待事物的角度与认知,立相对客观的世界观与人生观。

　　在世俗的范本里,所有人都想走那条路,现在的小学卷、幼儿园卷、胎教卷,轮流着卷。好像如果我们不跟着大部队走,我们什么也得不到。其实恰恰相反,我们跟着范本走,大概率也不会得到什么。只要你选择走这条路,你就要明白,我们努力了也有可能得不到,拼命卷也可能不如愿。在社会资源有限的条件下,成功的人只能是那么多,注定了大多数人陪跑的命运。

　　跟随大多数人,会让你心理压力小一点,你觉得你把该做的都做了,所以大部分人都选择那条好走的路。"好走"不是说这条路容易走,而是走得心安理得,不会背负更大的压力。比如,所有的孩子都提前进入幼儿园学习,你却坚持让孩子晚入学,想让他拥有美好的童年,你带他去感受风,去淋雨,像动画片里的小猪佩奇一样踩水坑。到他入学的时候,其他孩子已经学会了英文字母,所有家长都会拿你当成特立独行的人看待,甚至你的家人也不理解你。你无法向他们证明,孩子的内心收获了什么,只能静等花开,只能一个人背负所有的压力,孩子的命运,孩子的未来,孩子的一切都是你造就的。其实这条路更难走。

认清现实。不要觉得现在遍地是大学生,不要被网络欺骗,不要低估了很多人的无知。中华人民共和国成立之初,全国5.5亿人口,80%是文盲,经历大规模的扫盲运动,到2000年文盲率才降至6.72%。所以,不要把别人的话信奉为自己的人生信条,你可以走出一条属于自己的路。

看清自己。不要拿别人的轨迹丈量自己的人生,这是你自己的人生,不被任何人定义的人生。人生不是一定要去做世俗中大家认为有意义的事,意义是自己赋予的,只要你觉得你应该去做,是你想要的,适合你的,那就是有意义的。

我们经常忽略一件事情,很多事情不需要有意义。吃喝玩乐不等于虚度光阴,吃苦耐劳也不等于意义非凡。人生最大的精彩就是变化,人生最大的意义在于体验,包括各种体验的叠加,就去做你想做的,发呆,看日出,去郊外看星星,看似没有意义,其实你的体验就是最大的意义。用心去感受人生,你才会获得真实的喜悦。

人生不管走哪条路,都会摔倒很多次,无论做什么选择,都会有遗憾,不要过多去想象那条没走的路,不要过度美化当初犹豫的另一个选择。学会给自己松绑,走脚下的路,看当下的风景,可控的事情保持谨慎,不可控的事情保持乐观,在人生的旷野里,按自己的喜好和节奏生活,去追逐你想要的生活。

2.
顺其自然，生活自有答案

　　小时候，我们期待长大，感觉每个大人都好厉害，大人的世界好自由，可以工作赚钱买想要的东西，可以和最好的朋友住在一起，可以去自己想去的地方。长大后的我们，生活好难，工作好没意思，想要的东西那么多，赚钱的来路却只有一个，想去的地方那么多，路费好贵……

　　长大之后，经历现实的"毒打"，只能感慨：我不想成为厉害的大人了。

　　生活是自己的，有什么样的能力，就过什么样的生活，

尽力而为，量力而行。无能为力的事，那就顺其自然，别为难自己，生活自有答案。

到了一定年龄，你就会发现，很多事情其实已经注定了，在一些关键的路口，你注定会做那样的选择，就算重来一次，依然会那样做。

允许自己做一个平凡的人。天才有，但是不常有。我们做一份普通的工作，领一份不多的薪水，但也足够过好自己的小日子，想自己做饭就做，不想做饭的时候，就出去搓一顿。用心接纳自己就是一个普通人，反而能用更虚心、更谦卑的态度去对待世间的一切，无意当中就会有很多灵感和智慧产生。

允许自己做一个平静的人。谁都有年轻的时候，热烈、洒脱，想和世界谈一谈；对外面的世界充满好奇心，敢闯敢拼，也有大不了重新来过的勇气。我们终将老去，我们会进入下一个阶段，沉淀下来，变得理性，更多去思考自己的需求，追求内心的安稳，脚踏实地地生活。尽管在年轻的自己看来，这是我们曾讨厌的"死气沉沉"的状态，但只有自己经历过才会理解这种状态。

允许自己做一个不自由的人。谁不曾有过环游世界的梦想，世界那么大，我总得去看一看吧，傣族的风土人情、川藏的人文美景、江南的小桥流水，以及国外的异域风情。结果工作了以后，在大城市打工的人一放假就回老家，老家成了一年只见几次的异乡。要是去旅游的话，小长假的时间一大半都花在了路上，到了目的地也是人山人海，都是只有假期才有空的打工人。经历几次后也不爱去了，还是回家陪爸妈吧。带爸妈出门遛遛，看看老家的春天也不错，突然发现陪伴爸妈的时间太少了，他们拿起手机拍照的样子好像小时候的我们。

允许自己做一个知足常乐的人。对自己当下拥有的一切感到快乐开心,我拥有普通和睦的家庭,爸爸妈妈不需要我操心;我拥有健健康康的身体;我拥有养活自己的技能;我拥有普通的工作和有趣的同事;我拥有两三个好朋友,周末约着爬山听音乐喝点小酒;我热爱拍照,喜欢记录生活里可爱的瞬间,我时常感到生活是美好的,我爱这平淡无奇又可能熠熠生辉的每一天。

有人会说,怎么办?我不知道我想成为一个什么样的人,我不知道我想要什么。

没关系，也要允许自己做一个迷惘的人。每个年轻人都会经历迷惘，目标不够清晰，对自己的各方面认知不够明确，迷惘是正常的。感到迷惘的时候，正是你成长蜕变的时候，迷惘是寻找答案、是寻找出口、是寻找自我的契机。解决迷惘最好的方式就是去做，去做任何你大脑里想的事，如果前怕狼后怕虎，那么你什么都做不成。勇敢的人在你犹豫的时候，已经犯了三次错误了，通过三次错误已经找到了答案，而你还在原地打转。

不要害怕迷惘，如果不能解决，那就去享受，把它当作人生旅程的一部分，它是一个成长和思考的机会。通过享受迷惘，可以培养内心的坚韧和适应性，当你穿过迷雾，你会爱上找到方向时豁然开朗的感觉，那就是重生的时刻。

允许自己做自己，即使羡慕过很多人，但我更爱不完美的自己。

承认自己普通，才是真正的勇敢。

3.
允许一切发生，以开放的眼光看世界

　　生命是一场华丽的冒险，人生充满了各种不同的变故，欢乐与痛苦循环往复，向往美好人生的重点在于始终保持向往之情。世事无常，人生难料，世界上本来就没有一成不变的东西，唯一不变的就是改变。现实永远是随机的、变化的、不确定的。

　　世界是不确定的，面对这些不确定，我们会惶恐，会感觉生活失控，不知所措。面对自我，我们觉得人生无力，方方面面都是压力,陷入巨大的空洞。

我们都希望生活是有序的,人生是可控的。我们总以为变化只是生活的一部分,其实变化就是生活本身。每个人都被裹挟其中,浮沉起落,永不停歇。外部环境我们无法撼动,能做的就是努力找到自己的节奏,稳住身心。

在不确定的人生里,做确定的自己。淡人之所以内心强大,就是因为他们接纳不确定的人生,允许一切发生,让该来的来,让该去的去,让它发生,它就只是单纯地发生。你只是自然地去接受一切,以开放的眼光看世界。你没有固定的样子,生命也是。

人生没有白走的路,所有的路都见证了自己的成长。当你开始接纳发生的一切,无论是精彩纷呈的一天,还是沉默安静的一段日子,你要相信一切都是最好的安排。如果你感觉生活如鱼得水,工作积极向上,说明你之前积蓄的能量在发挥作用;如果你感觉情绪有些低沉,或者感情有些不顺利,说明内心也在提醒你某条路走歪了。生活的微妙之处往往在于不经意间出乎你意料的那些瞬间。去付出,去追求,去坚持,相信相信的力量,柳暗花明会突然出现在你的世界里。

让发生的发生,于是你不再追求一个结果。小时候,没写作业你觉得完蛋了;高中的时候,没考上理想的大学你觉得完蛋了;恋爱的时候,与恋人分手你也觉得你的青春完蛋了……现在回头想想,那些睡不着的夜晚也过去了;以前以为自己不会接受的,在时间的磨合下,最后也慢慢接受了。生活永远充满智慧,等着我们去捡一捡,能捡多少,看自己的造化。

让失去的失去,于是你开始享受过程。钱没了再赚,工作丢了再找,朋友走散了还会有新的,爱情错过了说明它就不是我们真正的缘分。无论当初做什么选择,都注定错过另一条路,我们无法站在未来,批判过去的自己。珍惜正在经历的,把能做的事做好,把当下的路走完,没有所谓的标准答案和完美的人生,我们拥有的一切就是现在。可以犹豫,不要退缩,不要怨天尤人,勇敢地面对向你走来的人生。想了很久的事就去做吧,反正你总会有收获,成功有成功的收获,失败就有失败的收获,做过了才有发言权。你用来参考的意见,那是别人的经历呀!

把自己当作一棵树,风来你与它共舞,雨来你舒展枝脉,汲取自己能够到的阳光和水分,努力扎根,向上生长。

如果是一棵果树,我们就开花结果;如果是一棵木材树,我们会成为木桌、家具或者菜板;如果是一棵冬青,我们就努力生出绿色;如果是一棵无名的小树,那我们就肆意而生,即使七扭八歪也没关系,我们依然是独一无二的一棵树。

爱因斯坦曾说:"没有侥幸这回事,最偶然的意外,似乎也都是有必然性的。"事情的因果,有时候一目了然;有时候牵涉众多、错综复杂,像蝴蝶效应一样,超出了我们的分辨能力,于是我们把它归于偶然,不认为和蝴蝶有什么关系。所以,人越长大好像越相信命运,相信生命存在必然性,好像这样能让自己人生的路走得更坦然。

总之,允许发生,接纳生命,尊重结局,世界开朗,万般自在。

4.
深深扎入生活，汲取生活中所有的精华

对世界充满好奇心的人有两种：第一种是对世界一无所知的人，入眼皆是新奇，就像是小孩子；第二种是真正博学的人，懂得越多越觉得自己懂得很少，想探知世界更深层的宝藏，比如科学研究者。而我们大部分人都不属于这两者，却觉得自己懂了很多，忘了"满壶全不响，半壶咣当"这句话，渐渐失去了主动学习的能力，慢慢失去了对世界的好奇心。

罗曼·罗兰在《约翰·克里斯朵夫》中说过一段话:"大半的人在二十岁或三十岁上就死了:一过这个年龄,他们只变成了自己的影子;以后的生命不过是用来模仿自己,把以前真正有人味儿的时代所说的,所做的,所想的,所喜欢的,一天天地重复,而且重复的方式越来越机械,越来越脱腔走板。"

那我们到底是什么时候变成这样的呢?

当我们一路成长,满心欢喜地奔向这个曾经充满渴望与理想的世界,努力想折腾起一点水花,却发现现实与想象中的完全不一样,你以为你在水里,其实你在土里。

当我们一路坚持,想拼尽全力与生活认真较量一番,虽然现在什么都没有,但我们相信总有一天会和世界棋逢对手,结果还是被狠狠摔在地下,那一跤摔得有多狠,我们就有多讨厌这个世界。

于是我们学着向生活妥协,不再想激起万重浪,而是趁现在有风就随着它吧。想和生活掰手腕的手也举不起来了,如果期待和失望成正比,那放下期待总可以吧。

我们这个时代的人,正在失去一种东西,这种东西对于每个人来说是不同的,可能是一种激情,可能是一些纯粹,可能是一个信仰。很多人都被焦虑、失望、纠结、无聊裹挟着,我们一天天机械地重复着,丢失了很多内心的东西。人的老去,不一定是从长皱纹开始的,更可能是好奇心和探索欲的丢失。

  这也是为什么我们总在怀念孩童时期简单的快乐,世界其实一直是那样,但我们的感受是新鲜的,对世界有好多好多疑问,是好奇心让我们更容易快乐。而长大后的我们,尽管不算成熟,也开始学着扮演成年人。抓紧时间完成

任务是我们的目标,无论是工作任务,还是生活任务,不要过多地牵扯我们的精力就好,这件事完成还有下一件在等着我们。殊不知,一刀切结束一团乱麻的同时,也失去了梳理乱麻可能会出现的未知惊喜。

我们想要的人生是活的,是生机勃勃的,是灿烂明媚的,是想一头扎进灯火辉煌里的。所以不要失去对生活的热情,保持探索欲,才能在这漫长的生活里,鲜活地、生猛地、一往无前地走下去。

感兴趣就去尝试。想尝试骑行,就买一辆自己喜欢的自行车,有了漂亮的坐骑,你会爱上傍晚的风;想尝试做自媒体,不用着急买相机,可以用手机先开始,做真诚的自己,用心的视频会被大家看到。有什么想法就付出行动,这样才会知道你有没有能力把想法实现,你能实现多少,只要去做,你就能获得经验值。你在无意识中,培养了更加勇敢体验生活的意识,你会越来越自如。

有想法就去行动。人不是设定好的机器,工作时间久了产生厌怠情绪很正常,在休息时间找点自己热爱的事情补充能量,周末的时间交给自己,做一切自己喜欢的事。如果到最后依然觉得难以支撑,8个小时的工作开始影响剩余16个小时的情绪,那请学会放弃。我们是为了生活而选择工作,不是为了工作而生活,五险一金也不是人生的全部。跳出一个鱼塘,你还有无数的鱼塘,甚至你也可以感受一下咸鱼的生活。

保持学习的状态。一旦放下学习,大脑便学会了偷懒,任何需要思考的东西都成了难题。先从你手边的任意一本书的任意一页开始,今天读一页,明天读两页,从简单的东西开始着手培养自己的学习状态。等你看到一段特别打动你的话,想要分享到朋友圈的时候,你就收获了学习的成就感,开始了一个良性的循环,越来越积极地感受进步,越来越喜欢成长的自己。

对自我也要保持好奇心。为什么最近情绪不太好?原来是还有一周又到生理期了。了解为什么生理期看谁都不顺眼,感受激素对身体的影响,把所有坏心情都扔给生理期,突然就没那么烦躁了。要时常和自己对话,自己是自己最好的朋友。

保持好奇心,满足自己;保持感受力,明辨自我。

5. 松弛地应对生活：外界的声音都是参考，你不开心就不要参考

生活中我们总会遇到一些拿不定主意的事情，我们会求助身边的人，我们的父母、我们的朋友，我们怀着真诚的心去参考他们的意见。他们也是基于对你的了解，给出适合你的建议，但也仅限于建议，做决定的还是你自己。在你犹豫不决的时候，你真的不知道选什么吗？不过是各有利弊罢了。当别人给出他的答案的时候，其实你内心偏向的

答案就已经出来了。听别人的话,做自己的决定。

别人的话适当听一听。每个人的性格、学历、经历都不一样,他们的建议是出于自己的角度,同样的方法适用于他们,却不一定适用于你。同是教师资格考试,有的人说很简单,跟着考试机构刷刷题就过了;有的人说好难,考了第二次才勉强通过。每个人有每个人的学习方式和学习能力,你能完全参考别人吗?

就算对方是你最亲近的人,他们不会害你,但他们的意见也不能照单全收。因为你的人生总归是你自己走,他们没法替你负责你的人生。就像"妈宝男""妈宝女",家长的话听得越多,越觉得他们是对的,逐渐失去了自己的判断,永远不知道自己是谁,自己想要的是什么。不是所有的"为你好"都是正确的,你自己坚定的想法才是最好的。

我们不能把人生的方向盘交给别人,家长的话永远都是参考,他们的认知仅来自生活经验,他们虽然生活时间比我们长,但是认知水平并不一定比我们高。

有些人的话可以多听一听,就是认知层级明显高于同一辈的人。认知水平高的人,善于用多元化的角度去看待人事物,更客观;他们有自己的思想和观点,不容易被别人所左右；他们经历了时代和生活的洗礼，有更高的生活智慧与阅历，可以做出更清晰的判断。比如，你的家族里有一位大学教授，他的认知高度对下一代的人生引导有很好的帮助。但是一定要远离一种人，好为人师的人。往往越是睿智的人越是谦虚，这才是良师。

但是我们听很多厉害的建议，就一定能做好自己的选择吗？电影《后会无期》里有句台词："听过很多道理，依然过不好这一生。"因为真正领悟一个道理，不是你听了就能听懂的，道理需要行动去论证。

在人生各个阶段里，当下的我们无法真正理解下个节点所需要的道理。道理听着都对，但是听得再多，我们也不会感同身受，因为我们的生活经验无法支撑结论，道理还是需要自己去悟的。

没有行动支撑的道理，都是天空里的浮云，听起来头头是道，就像一些文案的集锦，看上去很华丽，当作朋友圈文案也很漂亮，但对自己的生活真的有用吗？你有为它付诸行动吗？就像只停留在语言上的爱有点不值一提，行动才是验证爱的方式方法。

把自己信奉的道理用到生活里,去实践,去试错,去迭代,得出自己的结论,才是自己的道理。以自己的人生道理为基准,别人的话随便听一听,开心就听,不开心就可以不听,因为开心是人生最大的准则。

无论多么聪明的人告诉了你人生的经验和建议,我们最终还是要靠自己去越过山丘,抵达真相,在更具体的生活里清醒地活着。

第五章.

你值得一切美好，

因为你本身就是宝藏

所有打工族都明白，钱难赚。但钱并不是赚来的，而是换来的，是通过你的价值交换而来的。

　　那一个人的价值该怎么定义呢？

　　只有工作带来的价值才是价值吗？其实并不是这样，若一个人为某人提供了精神上的依靠，或者为他人带来健康和喜悦，甚至只是在其他人饿的时候煮了一碗面，这些都是他的价值体现。

　　一个人的价值是多元化的，但是很少有人能意识到这一点，而仅仅基于经济贡献或社会地位来评判自己的价值。

　　你如何对待自己，别人就会如何对待你。没有人能让你觉得自己很卑微，除非你早就看轻自己了。如果你从来没有觉得自己重要过，那又怎么能期待别人觉得你重要呢？

　　当你内心富足、建立了自我价值感后，你才会看淡生活，松弛地过一生。

1.
不过度依赖他人、不随波逐流，对自己的人生负责

人是动物界最高级的动物，却是最难独立的动物。我们从出生就需要依附父母才能生存，依附学校和社会才能成长。虽说18岁在法律上是未成年人与成年人的分界线，但是18岁的人并不具备成熟的心智与健全的自我认知，往往我们还需要很多年才能完成自我成长。到底多大年纪才能成为一个成熟的人，每个人具体情况都不一样，无法统一衡量。正因如此，你才是你，性格可爱的你，与他人相处

保有余地的你，有些缺点的你，不被他人定义的你，独立鲜活的你。

如果你是一块橡皮，铅笔会说你写不了字，尺子会说你没有刻度，书包会说你没有容量。可你就是一块橡皮呀，可能造型有趣，可能超级耐用，可能什么特点都没有，但是你有你自己的用处，你的价值也是他们没有的，不需要听他人的口舌来定义自己。每个人的价值只需要自己能看到，要认可自己，就像有一根定海神针立在内心，谁都不能撼动我们自己的价值。

我们每个人都有自己的优点和缺点，有自己擅长的事情，也有自己的短处，这些都是构成我们独特个性的元素，也是我们价值的体现。也许有人会问，缺点也有价值吗？那要看我们怎么想，比如你性格慢吞吞，在班里背诵古诗是慢的，做数学题是慢的，可你在绘画课手工课上永远是那个做得最认真的孩子。你总有一天会找到让你发光发亮的兴趣。我们要学会欣赏自己，看到自己的美好，也要看到自己的瑕疵。如果你喜欢你的瑕疵，就和它握手言和；如果你不喜欢你的瑕疵，就努力改正它。成长的权利始终掌握在自己手里。

人要么主动驾驭生命,要么被生命驾驭。有时候,我们明明听到了自己内心的真实声音,但是迫于种种原因,不敢听取自己的判断,许多错误与纠结也就因此注定。当你回想当初的时候,会不会也觉得特别遗憾?遗憾也是你自己的,所有后果都要自己承担。那如果又遇到内心声音和外界声音打架的时候,你会勇敢一次吗?

对世界勇敢说"不"。虽然第一次拒绝外界的时候,会让你感觉为难,如何让他们听见你真实的声音,如何让他们相信你的选择,无论你在心里纠结了多少遍,都需要你勇敢说出来,为自己站出来。你的态度就是你的立场,代表

着你作为独立人的尊严,你需要他们尊重你的选择,和你选择的人生。

我们无法改变别人,更不能被别人轻易改变,任何人都不是你,他们不懂你所面对的问题,他们不懂你所说的热爱,更不懂热爱能给你力量。但是你一旦选择,坚定选择走自己的路,他们就会在你身上看到你所说的所有,你的积极向上,你发自内心真正的喜悦。如果他们爱你,就会爱你真正的样子。

成长的每一步都不好走,但是你要坚信,不同的生活有不同的味道,每条路都有风景。从现在开始,谨慎地选择自己的生活,听自己的声音,义无反顾地向前走。相信内心的第一选择,有时候第六感是一种指引,是来自未来的声音,鼓励你做自己的选择。

人只有在感觉自己有价值的时候,才能获得勇气。守住一颗安静平和的心,不计较得失,不依赖他人,不随波逐流,不迎合他人,不违背自己的良心,坚持做自己认为正确的事,不虚假,才会拥有只活成自己的勇气。

2. 未经思考的人生不值得过

随着科学技术的发展,越来越多的先进工具被应用到生活里,我们享受着便捷的生活方式,可我们的一些能力也在被它们吞噬,比如深度思考的能力。

在这个"碎片化阅读的时代",我们无时无刻不在被动地接收碎片知识,这让我们大脑集中注意力的时间被缩短。喜闻乐见的新闻、无脑搞笑短剧、电视剧电影解说,30秒的短视频一分钟能刷好几个,根本没有思考的时间,就进入了下一次的信息摄取中。

碎片化阅读永远不能替代研读。我们关注了一个又一个公众号,标题个个都是干货文,内容都是流量文,翻来覆去也都差不多,信息只求快速,阅读只求轻松。我们贪图这个快捷的方式,慢慢放弃了思考力。这是社会发展大势所趋的影响,也是我们主动的选择。其实我们也可以选择屏蔽,把深度阅读捡起来,勤加练习,自我归纳,梳理逻辑,去繁从简,主动消化的知识、被我们真正吸收的内容,才是精华。

短视频能少刷就少刷。刷短视频真的会上瘾,下了班不想动,到了家先点上外卖,然后打开短视频软件,你喜欢的视频时长一个30秒,不喜欢的,10秒能刷10个,等回过神来,半个小时过去了。我有时候对自己这种状态会感到心慌,最终决定卸载,选择去看一些长视频,包括纪录片、电影、电视剧,虽然都是打发时间释放压力,但对整体的心态还是有影响的。特别是纪录片,是滋养心灵的。有博主体验360行,带你认识不同的工种;有导演带你认识不同的人居住在一个地方的深层理由。纪录片能带领我们认识我们可能永远触达不到的世界。

学会与短视频和平相处。如果你看短视频并不会产生焦虑状态，那也是可以看一看的。平台上也有很多专家学者分享知识，传播常识信息，能帮助我们解决很多问题，比如汽车维修讲解，女生如何保护自己，生活家居小妙招，这些多看看没什么坏处。无营养的内容，哗众取宠的段子，建议摒弃。"奶头乐"带来的短暂快乐是虚拟的，行为成瘾或多或少都会影响我们的生活。

培养深度思考习惯。给自己设定清晰的目标，可执行的计划，可预期的结果；让自己对目标"上瘾"，调整多巴胺

的获取方式，培养成长型的长期满足感。

保持专注，自己动脑，形成自己的想法。对于任何事情，刻意练习先形成自己的想法，再上网搜集类似情况，看其他人是怎么解决的，解决思路是什么，你的解决思路和他们的思路有什么不同，你的解决方案哪些地方可以改进。日加练习，可以形成更好的思路，也许未来某一天就会用到。

透过现象看本质。我们看待一件事，要从三个层面去看——现象、规律和本质。要想构建更加卓越的看待问题的角度，只能从吃过的亏中积累教训和磨砺悟性，在复杂的生活中一步步获得经验，无法偷懒。提高自己的认知水平，要多问自己为什么。为什么会这样？背后的原因是什么？为什么要选择这个？为什么他会做这样的事，对他有什么好处？培养"打破砂锅问到底"的精神，看懂规则，看透人性，成为生活的小小智者。

养成随时记录的习惯。我们在日常的工作和生活中，会有一些思想的火花和灵感，它们转瞬即逝，如果不及时记录，过去了就想不起来了。如果我们及时地记录下来，既加深了记忆，又提升了语言表达能力和总结归纳能力，将来我们会有一个灵感创意库。很多文学家、艺术家都有日常记录的习惯，随时拿起笔记录。现在手机不离身，可以随时用文字、音频或者视频的方式做记录。日常积累的素材很宝贵，有时候一篇文章的灵感、一个产品的创意、一个视频的主题都有可能来自某一天的一个小想法。

经常思考问题，探索问题背后逻辑的人，都在不断突破自我，且不认同问题唯一解。每个人的生活方式取决于我们看待生活的视角，我们要不断探究生活的真相，让我们的生命力提升到更高的层次。善于思考问题的人，往往是自然而然的，思考成了他们每天都在做的事情，思考让生活拥有了更多维度的体验。

保持思考，不断反思总结，大脑才会越来越灵活，否则你真正要学某个东西的时候，会懊悔自己放弃了日常的学习能力；保持思考，做到逻辑清晰，便能对每件事情的本质认识得更透彻；保持思考，实现思维敏捷，便能从容应对人生突发的问题，而不受限于当下的思维；保持思考，找到不断成长的优质方法，让我们有更大的勇气面对人生的挑战。思考万岁！

3.
心理韧性决定你人生的上限

我们经常理所当然地认为成长就是要变得无坚不摧，一个人抵抗人间所有风雨。其实不然，我们应该在需要轻松的时候可以柔软，需要支撑的时候有力量去面对。成长不是变得强大，而是变得有弹性。

清华大学彭凯平教授认为心理韧性就是从逆境、矛盾、失败甚至是积极事件中恢复常态的能力。

心理韧性包括：复原力，即一个人在痛苦、挫折和失败等各种压力中,能自己调整到正常的状态;毅力,即向着长期的目标,保持自己的激情,即使经历挫败,也能坚持不懈地努力下去;逆向成长力,即面对逆境或者冲击,不仅没有被击垮,反而在创伤后产生了积极的心理变化,提升了心理调节能力。

在人生的这趟单线旅程中,我们都会遇到各种各样的打击,毕竟真正无忧无虑的生活是不存在的,就算是我们曾经认为的小时候没心没肺多快乐,现在你随机问个小朋友,他们也是有他们的烦恼的。

我们会经历很多挫折和打击,未来的生活也会遇到很多难题,我们会感觉到痛苦,但是随着我们阅历的增加与内心的成长,心理系统会越来越稳固,内心会越来越坚韧,身处焦虑中的状态会越来越受控,受控于内在的调节。"敌军围困万千重,我自岿然不动"。相信自己有能力处理好一切问题。

拥有心理韧性也不是一蹴而就的,需要我们在生活中不断地去体验、去感受、去理解、去磨炼、去恢复,没有其他办法。每一次痛苦和焦虑,都是我们锻炼心理韧性的机会。从人生的经历中获取智慧,没有人可以替我们去经历,所有好的坏的都是人生的礼物。

九九八十一难是唐僧师徒的路,而我们的路也许会更难。但是我们的目的不同。唐僧师徒的目的是取经,取经是他们出发的使命,我们的使命呢?成家立业不是使命,结婚生子也不是使命,我们的使命是如何在自己的生命中感受美好以及无法避开的苦难。我们不歌颂苦难,能避开的我们当然要避开,但若无法避开只能淡定迎上。是苦难让我们拥有坚韧灵魂的吗?不是,是我们自己,一直在不断调整内在感受力的自己。经过美好用力感受;经过苦难不要去感受它,而去跨越它,以及思考未来如何避开它。

对待生活保持乐观。悲观永远正确,乐观永远向上。悲观的人陷在他的沉沦里出不来,你无法说服他,那就尊重他。乐观并不意味着我们忽视生活中的困难,而是我们在面对挑战的时候,保持积极的态度,不要把自己吓倒,相信自己有能力去应对和解决。乐观可以帮助我们更好地应对压力,更好地恢复和成长。乐观也是内核稳定的表现。

尝试站在第三视角看待问题。当我们困在思绪里,就容易把问题越想越大。当我们的思维与当下的问题保持距离时,这种距离会让我们更客观、更理智、更有分析能力。

采用旁观者视角与自己对话，如果是一个朋友遇到这样的问题，你会如何建议？把你的建议写下来，挨个分析，最好的答案与最差的答案就会出现，只需要勇敢地去执行、去实现。

做一个有弹性的人，性格有弹性。人成年后，人的性格相对稳定，但还是会发生变化。随着环境的改变，与不同的人相处，或者经历一些事之后，性格会发生相应的调整。以前从事服务行业，天天与不同的人打交道，自然而然成了一个能言善道的人；后来更换成了文职，只需要对接部门工作，渐渐不乐意与太多人说话，只想把手头上的工作漂亮完成。性格决定命运，要允许自己做一个有改变的人，你可以不喜欢圆滑，但你可以做自己容许的事，不喜欢的可以不做。

做一个有弹性的人，思维有弹性。也许有人会阻碍你的成功，但是没有人会阻碍你的成长。有成长型思维的人，面对选择，他会更倾向于做能使自己成长，能够提升自己的事。比如，面对工作的选择，有人喜欢稳定，在企业做一个行政挺好，工作压力不大。但是对于一些人来说，行政工作是琐碎的，长期做的话没法实现自我内在的提升，他们更喜欢有成长的工作。面对挑战迎难而上,能够灵活地将所学的东西融会贯通,就是一个成长型的人的表现。

做一个有弹性的人,处世有弹性。做人做事,要有自己的原则和准则,有自己的规矩。但同时也要有变通的能力,不固执己见,不以偏概全,以豁达的心态去看待人、事、物。懂得方圆处世,这是一种人生的境界,也是我们要学习的本领。

"他强任他强,清风拂山岗。"就算天大的事情来了,不逃避,心平气和,为自己争取最合理的解决方式。做一个有弹性的人,既拥有山一样的坚毅,也拥有水一样的柔情,从容应对生活,听从内心的指引,不断向人生的高处走去,活得轻松自在,活得灵动轻盈。

4. 向内深耕，追求内在满足感

人啊，怎么活都是一辈子，其实并不存在某一种更高级或者更出众的活法，我们终其一生都在寻找内心的满足感。如果说一个流浪者，他四海为家，没有过多的欲望，在每天的日出日落中都能平静地享受生命，那我们就不能指责他这种生活，因为他已经找到了自己生命的意义，他人无权干涉生命的自由。

对于普通人来说，他们依然活在内心与外界的混沌中。有一部分人关注自己的内心，随心而活，算是比较早地找到了自己,知道自己为什么而活,这是从向内求发展为向外求的人生。还有一部分人,不爱改变,比较被动,在巨大的生活漩涡中摸索内在的自己,往往到中年或者晚年才找到自己生命的意义,这就是从向外求发展为向内求的人生。

心灵、精神、思想这些无形的东西不太容易被关注,因为人们很少会用这些东西衡量一个人;工作、金钱、地位、权力这些有形的东西,你有或者没有,一目了然,所以常常被拿来对比或者用来评价一个人。所以人们只愿意关注他们能看到的东西,他们也只愿意相信自己相信的世界。

其实我们一直都需要寻找内在与外在的平衡,向内深耕,向外生长,人生会越来越开阔,越明朗,越自由。

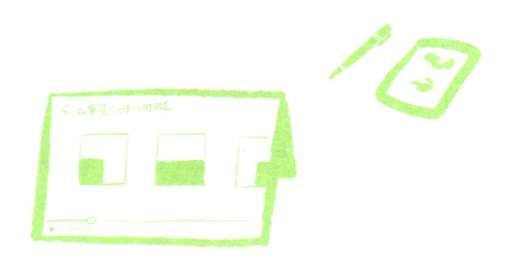

向内深耕，即自我探索，自我生长，自我察觉。当自我内在贫瘠的时候，即使达到了外人眼中的财富自由，也难以拥有平和的心境。比如年少成名或者一夜暴富的人，无法抓住超出自己认知的财富，他的内心支撑不了名利，很容易走歪路，财富也留不住。当内在富足了，即使物质生活是匮乏的，也能在租来的房子里享受生活的充实与恬静。唯有内心富有充盈，才能从容抵抗世间所有的不安与躁动。

最重要的一点就是活在当下，虽然这句话很好理解，每个人也都能明白，但要真的做到却不容易。当不为过去后悔，不提前焦虑未来，只是静静地做好当下的事情，感受当下的感受，你会拥有内心的高秩序感，感受到心流状态。等红绿灯的时候，你会唱两句歌；排队的时候，你会观察过往的行人；天气好的时候，享受5分钟的大脑放空。爱每个今天，爱健康的身体，爱规律的作息，爱此时此刻的自己。

向外生长，即当一个人对当下状态不满意的时候，会抓住一切机会找到突破口，通过努力让状态得以好转。不恐惧改变，通过一次次的改变时刻，体会到了从内而外的生长力，越来越喜欢挑战自己，从而成为一个充满生命力的人。

但是人最大的敌人往往是自己，对当下的状态感到困惑的时候，不喜欢现在的同时又害怕付出得不到回报，害怕打破现在的稳定，害怕辛苦懒得采取行动。一方面想改变自己，一方面又会因为各种原因原地踏步，处于"精神"和"行为"的分裂状态，这就是我们感到焦虑的问题所在。

焦虑的反义词是具体。当你感觉到焦虑的时候，先明确具体的行动，人一旦动起来，就不会有大量的时间内耗，而且在行动的过程中，不断加深思考，不断修正自己，反而会收到意想不到的惊喜。

判断一件事情要不要做的准则：第一，做的时候感到快乐，做了一定不会后悔的事，去做；第二，做的时候未必喜欢,但是不做一定会后悔的事,去做。做喜欢做的事,热情投入,有极高的耐心,享受过程,其中的意义是快乐;做应该做的事,先开始,然后慢慢往上加任务,刚开始看着不起眼,日日不停歇,持续不断付出行动,收获长进,其中的意义是成长。

内核稳定引导成长,成长又会反过来增强内心的稳定,形成一个良好的闭环,不断重复下去,在这个过程中,它们就像滚雪球一样,越滚越大。今天的学习获得了成长,用成长去加持明天的自己,从而不断提升自己的能力,成为越来越厉害的自己。

在20岁之后,请拒绝眼前暂时的安逸,抓住一切机会去经历,在磨砺中提升心智,相信日积月累的力量。要有自己的态度,有自己的人生方向,找到属于自己永远不能放弃的东西,遵循自己的愿望去生活,寻找自己真正的平静,安稳于世,从容自在。

真正为了自己,去探索,去生长。

5. 允许自己有缺点,但拒绝过度反思

我们都不是十全十美的人,总会有个性上的缺陷、智慧上的不足。年轻人缺乏社会历练,老年人固守陈规;开朗的人不够内敛,内向的人不够果敢……但正如列夫·托尔斯泰所说:"每个人都会有缺陷,就像被上帝咬过的苹果,有的人缺陷比较大,正是因为上帝特别喜欢他的芬芳。"

我们应该允许自己有缺点,因为这些缺点正是我们独特的标志,是我们成长的空间。

当我们允许自己有缺点时,我们便放下了沉重的心理负担,不再为了追求完美而疲于奔命,不再为了掩盖缺点而小心翼翼。我们可以更加坦然地面对自己,更加真实地展现自己。就像一颗有瑕疵的宝石,虽然不完美,却依然有着独特的光芒。

贝多芬脾气暴躁,但这并不妨碍他成为伟大的音乐家,他用音乐表达出了人类最深刻的情感;爱因斯坦在生活中不拘小节,但他的智慧却为人类的科学进步做出了巨大贡献。即使有缺点,也可以在自己擅长的领域里发挥出巨大的价值。

允许自己有缺点,并不是对自己的放纵,而是一种对自我的接纳和包容。当我们能够坦然地面对自己的缺点时,我们才能真正地爱自己,才能拥有足够的勇气去面对生活中的困难和挫折。

而不允许自己有缺点,往往会让自己陷入无尽的痛苦与挣扎之中。当我们对自己持有这种严苛的态度时,就仿佛给自己套上了沉重的枷锁。我们总是以挑剔的眼光审视自己,不放过任何一个细微的不足。一旦发现缺点,便会陷入深深的自责和焦虑,不断地自我批判,认为自己不够好、不够优秀。事事都苛责自己,每件事都要做好,甚至要做到极致,一直背着沉重的心理包袱,一直在反思:"我为什么不能做得更好?"

这让我们很容易陷入反刍思维的陷阱。

反刍思维也就是过度反思,是一种心理现象,指的是一个人反复思考某个问题或情境,尤其是负面的经历或情绪。这种思考模式通常表现为对过去的错误、失败或痛苦经历的不断回忆和分析,也是导致抑郁症、焦虑症的原因之一。

过度反思其实是一种自我攻击,往往会让我们陷入自我怀疑和自我否定的旋涡中,让我们失去前进的动力。法国作家莫泊桑曾经说过:"生活不可能像你想象得那么好,但也不会像你想象得那么糟。人的脆弱和坚强都超乎自己的想象。有时,可能脆弱得一句话就让自己泪流满面;有时,也发现自己咬着牙走了很长的路。"

我们不能因为一点小错误或者小挫折就不停地反思自己,认为自己一无是处。过度反思只会让我们变得越来越敏感,越来越脆弱。

稻盛和夫在自己的书里说过,"承认自己有所欠缺,并从那里出发"。同样的道理,我们应该做的是允许自己有缺点,同时也要适度反思。

反思可以让人成长,让人开始懂得一年一岁心、一岁一欢喜、能够察觉自己的变化。

我们的想法是长期生活经验形成的认知,遇见事情,第一时间出现的惯性反应就是我们大脑长时间形成的观点,如果我们一直凭借固有思维去做事,那我们就是一个毫无长进的人。反思就是对我们的思考方式进行再思考,遇见同一件事,我们避开经验主义思维,去寻找有没有更好的想法,能不能找到更好的解决方式,才能不断查缺补漏。

反思有助于我们发现生活中的跳跃性假设,就是未经思考就立刻得出的结论,它来源于我们的生活经验,用既定思维去处理问题。从跳跃性假设中反省自己有时候处理问题的不足之处,会发现生活中很多被我们忽略掉的细节,能重新认识生活,重新认识自己。

比如我在生活中是一个不善言辞,不喜欢讨好别人的人,只知道完成安排的工作任务,不邀功不抢功;我讨厌"笑面虎",讨厌"两面派"。我在想,一般会做事的人不喜欢做那种人,特别会讨好领导的人都会被嫌弃只会做人不做事,有没有又会做事又会做人的人呢?一位朋友解答了我的疑问,就好比上学时代,成绩好的人一定是书呆子吗?会玩的同学就一定成绩不好吗?不见得。这个疑问来源于一个我不是很喜欢的同事,同时我又挺佩服他,因为有些事我真的做不到。看待一些人的时候,尽量不要根据第一印象给人贴标签,这样或许以后我为人处世能相对成熟一点。

  我们每个人都在努力成为更好的自己。允许自己有缺点,但拒绝过度反思,是一种健康的生活态度,也是一种智慧的人生选择。

  在未来的每一天,都记得拥抱自己的不完美,同时勇敢地迈向未来。这样,我们才能在生命的道路上走得更加坚定,更加自信。

第六章.

去爱不确定的生活：
有前进一步的勇气，
也有后退一步的淡泊

人类对确定性和可预测性的渴望似乎是写在我们基因中的，我们天生就爱确定的生活。

　　从进化的角度来看，确定性可以提供安全感。在远古时期，不确定性往往意味着潜在的威胁，如捕食者的出现或其他危险。因此，能够预测环境变化并做出相应反应的能力是生存的关键。

　　大脑中前额叶皮层，负责处理复杂的认知任务，包括计划、决策和解决问题。当面临不确定性时，这个区域会激活，让人产生焦虑感。追求确定性可以帮助减少这种不适感。

　　但生命是一场未知的旅行，我们无法预知每一个转角。生活的魅力就在于它的不确定性，沿途可能会有繁花似锦的美景，让我们陶醉其中；也可能会有崎岖坎坷的道路，考验着我们的意志和勇气，让我们在磨砺中变得更加坚强。

　　我们能做的就是在变化中寻找恒常，在动荡中保持内心的平静。

1.
成年人最稀缺的能力：情绪复原力

在前面谈到心理韧性时我们也谈到了复原力，复原力是调节内心的能力，情绪也是差不多的道理。我们不是为了做一根坚硬无比的绳子，期盼它永远不会断；而是要做一根弹力绳，松弛有度。允许自己有不好的情绪，培养调节情绪的能力，和情绪打太极，让它柔和发生。

情绪稳定是我们在面对生活中各种不确定因素带来的压力和情绪波动时，能够保持基本冷静的理想状态。情绪稳定的人不会被短暂的负面情绪所影响,也不会轻易失去自我控制与平衡的能力。要实现情绪稳定,需要具备一定的自我调节与管理能力,意识到自己的情绪,理解它们的产生与影响,掌握有效的情绪调节技巧,通过自我复原力,达到情绪的稳定。

正确认识情绪。情绪对我们是有功能的。当别人做了对你不好的事,愤怒情绪的产生是为了让你远离伤害;当你的需求没有被满足的时候,委屈的情绪是为了让你表达出你想要更多的关爱;失落是在提示你内心真实的期盼,恐惧是在提醒你远离危险。每个人都会有情绪,这是我们与生俱来的感官体验。就如你的痛觉神经,身体受到伤害你会感觉到痛,也是为了让你远离危险。

情绪本身没有好坏。每个人都有喜怒哀乐,当我们遇到好的事情会不自觉地开心,会笑,会享受。当我们伤心或者焦虑的时候,希望坏情绪赶紧过去,逃离它,压抑它。其实,我们应该像接纳快乐一样自然而然地接纳焦虑烦躁,接纳愤怒恐惧,接纳失望失落,让它们自然地在身体里流淌,感受它们存在的意义,这些情绪体验能让我们的生命丰富多彩。如果没有体验过悲伤,我们又怎么会知道喜悦呢?

识别情绪。有时候情绪会突如其来,莫名其妙不知道自己突然怎么了。情绪需要辨别分类,平静的,快乐的,伤心的,愤怒的,焦虑的,恐惧的,期盼的,等等。要准确地表达你此刻的情绪,用所知的情感词汇描述它,感受它的到来和流走。但是我们一旦提及情绪,往往指代的就是坏情绪,因为没有人会去想怎么和好情绪相处,快乐喜悦开心不需要相处技巧,我们自然而然地就在感受它。

觉察情绪。情绪是内心的表象,我们成长到现在,肯定多多少少都感受过无数的情绪,有时候时间过去了,依然有根源留在我们的内心。比如小时候被狗咬过,你现在可能会害怕狗,而且再走那条被狗追过的胡同,依然会特别注意四处观察。有时候内心依然保留对以前的感受,挥之不去。我们要从细微处觉察自己,敏感地感受自己,找到过去的阴影对现在的影响,才能尽可能地疗愈自己。心理学家荣格曾经说过:"你没有觉察到的事,就会变成你的命运。"

接纳情绪。当不好的情绪出现时,不要压抑,不要逃避,压抑和逃避或许能暂时躲开,但它不会消失,只会累积

下来,换一种状态陪着你,日后会在某一刻突然爆发。比如你在亲密关系里受到的委屈,一次两次你选择忍耐,不去疏导它,有一天吵架你会把所有的委屈变成一颗颗炸弹,丢到关系中。接纳其实是一种爱的表现:我全然接受它本来的样子,接受它的存在,它只是我的一个感受,我感受它,它才存在,我不去感受它,它便不能把我如何。

转化情绪。有人选择把它说出来,说出来也是一种排解方式,比如用文字表达出来是自己跟自己说,或者跟朋友聊聊天说出来。当自己解决不掉的时候,可以找心理咨询师,专业的引导能让内心更舒适。有人会通过跑步、喊叫、哭泣让情绪释放出来;有人通过听音乐、绘画或者做其他的事情分散注意力。每个人都有不同的方式可以疏导情绪,只要对你有用有效,那就是最好的方式。

当你越来越包容,包容自己不同的情绪,允许情绪的来去,能够更好地表达情绪,疏解自己的情绪,那情绪在你面前就变得不值一提,你就变成了超级厉害的大人。

蝴蝶来去自由,我只欣赏我的花。

2. 脆弱是自我成长的一部分

世界一直在鼓励坚强,我们从小就被教育要成为一个勇敢坚强的人,好像只有坚强才配获得爱。脆弱一直被忽视,我们不知道该怎么面对它,不会面对脆弱,就永远不会面对真实的自己。脆弱是丰富而真实的柔软情感,打开自己,敢袒露自己脆弱的人,才是真正的勇敢和强大。

脆弱是生命力。脆弱是面对不确定的前方,我们内心产生的不安全感。一个人感受到脆弱或者表达出脆弱,不代表心理承受能力差,相反,说明内心情感是丰富的,而

且能向外人表现脆弱的人，恰恰他是有安全感的，敢于把自己的脆弱展示给别人。只有感受到脆弱的人，才会主动寻求方法让自己走出当下这个阶段。如果连脆弱都感受不到，大概率是处于感情未启蒙的阶段，像是我们的儿童时期，无知者无畏的感觉。

　　脆弱是美好的。愿意接纳脆弱，才会看到自己的需求。接纳意味着敞开和包容，打开自己的心，包容自己的不足，去察觉自己脆弱背后的真实意义。察觉的时刻，也是疗愈发生的时刻,能看到真实的自己,真实被理解,也是一种宽慰。真实让我们变得美丽,希望有人能看到你的美丽,并珍惜它。

你拥有表达脆弱的权利。脆弱不是错误,我们每个人都应该有表达脆弱的自由。当你承认了自己的脆弱,你的内心会生长出神奇的力量。不掩饰自己的脆弱,不回避自己的感受,允许自己在身边人面前展示脆弱,让他们知道此时的你需要安慰和支持,才是真正的内心强大。朋友家人的支持和鼓励也会给你带来力量,带来解决问题的新视角,这才是真正的爱。

允许自己哭。允许自己悲伤,允许自己哭,也是爱自己的表现。适当地哭是心理排毒,是一种释放、一种宣泄、一种调节,是自我疗愈的过程。如果小时候你的家庭环境不允许你哭,不允许你展示脆弱,导致现在的你依然不会跟他们示弱,那是他们的问题。你要学着让自己柔软,找到能让自己展示脆弱的人,把自己重新爱一次。

允许自己逃避。有时候觉得自己没有力量去面对生活,总觉得逃避不是解决问题,不应该做一个懦弱的人。可是生活的难题,你才是经历者,如果觉得自己跨不过去,又不甘心掉头,那逃避一下也不为过。你就把问题放在那儿,如果你真的能放下,那说明你已经不纠结了;如果那个问题一直萦绕在你内心,挥之不去,那注定你要迎面而上,暂时的逃避,也许能帮你找到内心真正的答案。

允许自己放弃。世俗的价值观也是一直在鼓励我们坚持,放弃是懦夫的行为,半途而废的人是失败者。那些是教育小孩子的理论,是时候学会给自己松绑了。当一个目标缺失无法达成,一直坚持一个目标的我们进入了死胡同时,放弃才是真正的勇敢,思想才能得以解脱。做一个敢进敢退的人,找到适合自己的新目标,生活不是只有一个答案,对吗?

以前看到过一个故事,一位同学毕业后在家复习考研,连续两年都没有如愿考上,自己的同学都已经快毕业,而自己还在备战,他顶着巨大的压力准备应考最后一次,如果这次考不上那就不考了,好好去找工作。结果在考试的前几天,不知道为什么,他决定不考了。有人说他可能是接受不了再次考不上的结果。但是我觉得,一年已经搭进去了,能在最后一刻放弃的人,说明他真的想明白了,自己坚持与放弃的意义是什么。我觉得这种人超酷!不为目标所困,敢想敢做,敢坚持也敢放弃,找到了自己生命的意义。

不要只相信世界的评价,我们不仅要接纳勇敢、谦虚、温柔、可爱、美丽那些用来夸赞的词语,更要接纳不完美而真实的自己。胆小是我,高傲是我,不温柔是我,不可爱是我,不美丽也是我,无所畏惧。

3.
一个高能量淡人，内核心定是稳定的

　　海灵格的《我允许》中有几句话，让我印象深刻："我允许任何事情的发生，我允许事情是如此的开始，如此的发展，如此的结局""我允许每一个念头的出现，任它存在，任它消失""我允许每一种情绪的发生，任其发展，任其穿过，因为我知道，情绪只是身体上的感受""我是为了生命在当下的体验而来，在每一个当下时刻，我唯一要做的就是全然地允许，全然地经历，全然地享受"。

这样的人就是内核稳定的人,情绪自足,心有定力,事尽全力,接纳生命。

情绪稳定,松弛有度。内核稳定的人,看待世界更客观,认为问题发生肯定是有它发生的必然,不会让坏情绪把自己吞没,而是自己掌控自己的情绪,调动理性,思考问题,思考解决方式。当自己的目标没有达成,也不会怨天尤人,而是在失败的过程中获得经验,让自己此刻不内耗,看到的永远是自己得到的东西,而非失去的。

心有定力,唯我主义。内核稳定的人,对人对事都有自己的独立见解与判断,不因为周围人的三言两语改变自己的看法,不在意别人的评价,不活在别人的世界里。唯我主义坚持只听自己的声音,其他人只是自己生活的旁观者,果断准确出击,人生只掌握在自己手里。

事尽全力,勇于承担。内核稳定的人,做事有自己的节奏,不急不躁,稳扎稳打,规矩做事,尽自己的最大努力做事,结果一般不会坏到哪儿去。如果事情没能如愿,也能负责任,承担事情的结果,不退缩不逃避,接得住因果。

接纳生命,我本渺小。内核稳定的人,对人生与生命有清醒的认知,世界是客观存在的运转,而我们人类本来活

得就是一个心态:你觉得世界是美好的,它才是美好的;你觉得人间是苦难,那便是来吃苦。心态开放,包容一切事情的发生,普通的人有普通的活法。

生活不易,真实的东西往往很残酷,越残酷的东西,越接近真实的体验。普通人的一生,因为太过普通,被高高在上的人说成碌碌无为。说得多了,听得多了,我们好像渐渐地也就相信了。接受平庸,接受自己一个人的努力很难改变命运,接受自己作为普通人需要面对的生活,内核稳定是我们在生活中获取快乐的解药。

专注自己的每一天。给自己做好日常安排,每天投入地去过自己的生活。无论是工作、休息、娱乐,做什么都把精力沉浸在这件事上。周四就开始换洗床单被罩,打扫卫生;周五晚上和朋友约饭;周六去爬山,听音乐会,打羽毛球,选择一切有活力的活动;周天就在家休养生息,刷刷剧,做一顿可口的饭,这样你的周末就会最大程度延长体验。不要一边工作一边想着"什么时候放假",休息的时候想着"明天又要上班,好烦啊",不要提前焦虑,给自己制造烦恼。把自己的生活照顾好,能在寻常生活里获得最大的快乐,保护好你的活力。

只思考出现的问题。乐队五条人有首歌《问题出现我再告诉大家》挺有意思,表面上在跟你讲故事,其实有些道理没有直接说出来,等着你自己去发现。他们就在小城市小地方生活,而思想没有被禁锢,在真实的生活里生出了智慧的花。不要去假设人生,不要去纠结如果,只去分析现在已经出现的问题,尝试去解决,尽力去解决。人常说,不要在爱的时候找不爱的证据,也不要在不爱的时候找爱的证明,同理。

一定要放弃比较。中国人的一生,都活在"别人家孩子"的阴影里,无论你多优秀,总有一个人比你还好一点。无论是重新养育自己,还是已经开始养育下一代,一定要拒绝比较。只专注于让自己变得更好,只思考自己想要什么,注意力只放在自己身上,拒绝"内卷"只能从自己做起。

不留恋过去,沉浸现在。有人问我,你最喜欢人生的哪个阶段,无忧无虑的小时候,懵懂灿烂的青春期还是无知却快乐的大学?我答,我喜欢现在。但是对方却好像不太相信。你想念的过去,是带着现在的滤镜。我了解以前的自己,当时也有当时的压力。因为将来有一天我会同样想念现在的自己,所以我要此时此刻尽欢,享受当下的欲望,想做的事就去做，有喜欢的人就要勇敢；也享受当下被父母催婚的压力，找到和老爸老妈相处的方式，把你所有的条件都告诉他们，让他们知道正常的人都没几个。我超级喜欢现在的自己。

不害怕失去。认清生活的真相，有些朋友注定只能陪伴我们一段时间，此刻的同频是我们成为朋友的因素，但是有时候你连你自己的成长都后知后觉，更不能要求不同的两个人永远同频。亲密关系也是如此，爱永远是两个人的互相吸引，爱自己是永远的底气。接受爱的离去，虽然痛，痛的是和过去的自己割舍，还真不一定是这个人有多好。

高能量的你，永远洒脱，永远一往无前，永远光芒万丈。

4.
三分底线，五分原则，一分自私

  小时候被教育"自私"的概念是自私自利，贪图个人利益。小朋友在成长的过程中凡事不能只考虑自己，因为小朋友的天性是以自我为中心的，家里所有的人都围绕着他，认知是需要矫正的。

  在成年人的世界，人们需要及时根据环境来调整自己。长大后的自私不再是贬义词，而是个中性词。自私在成人社会是对自我的保护，在不伤害别人的前提下，优先考虑自己。别人在跟你借东西的时候，首先考虑自己是否需要，不需要为了讨好别人，必须把自己最宝贵的玩具拱手相让；在爱人之前先学会好好爱自己，你连自己都不能好好爱护，怎么有能力去爱他人呢。

  太懂事的人委屈也多。这就是人性的本质，当你太懂事，有什么事情你都说没关系，到后来，有什么事情都不会先考虑你，反正你无所谓的，别人会把你的懂事当作理所应当，并不会记住你的好。越是懂事的人，往往只会越委

屈。所以你看,不用太懂事。你把你的愿望说出来,别人才会看到你也想要礼物;你把你的付出说出来,别人才能看到你的不容易;你把你的委屈说出来,别人才看到你的忍让。可以懂事,但也要把自己的立场说出来。

自私是内耗的解药。自私是在告诉别人你的边界感,不要来侵犯我。同时潜意识告诉自己,你不需要别人的认可,当一个人做到自私的时候才有选择权,才不会被别人控制。

自私一点没有错。脾气好的人,永远是受气最多的人;善解人意的人,一直都在体谅别人;会照顾人的人,没人照顾他;会哭的孩子得到了最多的爱,懂事的人看着爱流向别处。

自私是需要把控度的。自私和无私是两个极端,生活中很少有人能做到极端,但是针对不同的人,恰好的度也很难把控。有些人已经足够自私了,需要矫正他学会放下一点自私;太善良的人很难变得自私,因为过不了自己那一关,同理心太强,太容易感同身受。正常的社交关系相对比较简单,但是在亲密关系中更需要相处的智慧。

恰到好处的自私是有所保留。都说真爱是坦诚,真爱是无坚不摧，但是往往拥有真爱的人都是拥有爱的智慧的人，拥有相处智慧的人，和谁在一起都能相处友好。在亲密关系里，把自己和对方当成独立的个体，有利于感情的东西要两个人相互分享，而不想让对方知道的一面可以有所保留，不需要一股脑把所有的自己都倾倒给对方。自己和自己相处了几十年，有时候连自己都讨厌自己，我们也不能要求对方一定要接住自己，而且还是每一次都要接住。不论是谈恋爱阶段还是婚姻阶段，要有自我，要有自己的空间，有自己的情感归属。

恰到好处的自私是克制。爱当然需要表达，善于表达爱的人可爱柔软，真心投入，明白爱意随风起，感受爱意的流动。爱是世间的美好，需要两个人对爱有同样的感受力，如果有一方是羞于表达爱的类型，或者对爱的感知力没有那么强，那么你浓厚的爱会有些腻人，会被对方屏蔽掉，得不偿失。所以要参考对方爱的形式，学会克制，学会抽离，不要一头扎进爱里出不来，不然受伤的可能是自己。

恰到好处的自私是自立。不要完全依赖对方，不要把对方当作自己生活的全部，你首先要是你自己，要有自己的空间，有自己独立的精神，有自己独立的爱好，自己能找到自己生命的意义。有些人结婚后,停止了工作,照顾好孩子照顾好家庭成了唯一的使命,虽然全职太太全职妈妈是伟大的,但是一旦孩子上学、老公工作,一个人就找不到可以做的事,就完全把自己丢了。自己,爱人,朋友,孩子,父母,工作,心里要有一个排序和平衡,每个人都有不同的答案,但我希望第一位是你自己。

　　自私是让你尽自己所能讨好你自己,取悦自己,爱你自己。

5.
别对每件事都有反应，钝一点，快乐多一点

"钝感力"一词源自渡边淳一的《钝感力》这本书，在这个节奏飞快、瞬息万变的时代，需要我们培养一种相对迟钝的能力，即心理上的迟钝。钝感力强的人，更容易达成内心世界的平衡，钝感力成了一种生存能力。放慢节奏，不要着急做判断，不要过度敏感，不过度关注他人的生活，不揣测别人的想法。让我们在面对外界过多信息的时候，能够保持平静，学会旁观，保持自己继续前行的动力。

钝感力对应的就是高敏感。高敏感人群往往有细腻的感受力、想象力和共情力,捕捉生活细节的能力和感同身受的能力都很珍贵,他们容易感受到美好,但同时也容易感受到痛苦。就像一阵微风吹过,有人没有感受,有人感受到微风拂面的惬意,有人却觉得风吹过的是他的血肉,他没有那层保护他的皮肤。一些作家或者从事艺术行业的人往往是高敏感的人,他们不仅感知力更强,还能用自己的才华表达出来,将我们不可描述的瞬间的感受,用某种永恒的方式表达出来。

如果说高敏感是一种天性,那另一面的钝感力也是一种才能,需要后天培养。

你能决定的是自己的心态。生活中,人与人相处总会遇到种种摩擦和碰撞,情绪起起伏伏,虽然任何情绪都值得尊重,但是常常陷于负面情绪是不可取的。我们需要拥有调整心态的能力,刻意干预,不要让坏情绪影响你太久,毕竟一点情绪没有也是不可能的。日日练习,从小情绪开始,不断培养自己消化消极情绪的能力,学会保持积极向上的心态,我们才能突破生活的重重难关。

辩证地看待他人评价。他人站在自己的角度看待你,是他的主观臆断，所以别人的话稍微听一听，别太当回事。面对别人的夸赞和表扬，有的人认为是一种前进的动力；而对有的人来说，享受别人的夸赞会让他得意忘形。你首先要看清自己是哪种人，如果你是不自信的人，那就学会欣赏自己，别人对你的夸赞是因为你真的做得很好。面对别人的议论和流言蜚语，同样需要认清自己，你到底有没有做错什么，如果你始终认为自己没有错，那就别太在乎他人的非议。我们不是人民币，做不到让所有人喜欢，但一定要自己喜欢自己，做的事对得起自己，做人全凭良心。

拥有持续挑战的勇气。做任何一件事，我们的初衷肯定是希望得到一个好结果，但是人生不如意十之八九，要坦然接受不如愿，失败不可怕，可怕的是失去面对的勇气。我们看到的所有成功人士，应该没有谁是一帆风顺的，他们都是一次次面对失败，又以巨大的勇气重新开始，是他们的这种心态注定了他们做什么都可以成功。我们普通人也同样需要面对自己的人生，虽然成功与否的结果相差很大，但是需要的勇气并不比他们少。遇到问题不逃避，身处逆境不退缩，面对生活不懈怠，想要的东西勇于争取，过自己的生活不随波逐流，同样需要很大的勇气。不要小瞧自己,不要小瞧自己的人生,我们来日方长。

　　生活是一个巨大的大学,有无数的课题需要我们去修学分。努力去提升自己,改善自我,加强外在能力和内在能量的积累。在成长的过程中,有效地区分哪些是有价值的、有意义的,哪些是无效的、无用的,从而让自己有分辨的能力,找准方向去提升自己。当我们有了足够的能量,有稳定的自我认知,有坚定的主见,就不会轻易被别人的一句话所影响。

　　所有的一切都需要循序渐进,不要着急,允许自己慢慢来。慢慢找到自己,慢慢积累自己的能量,慢慢去改善自我的钝感力,当你稳定向上的时候,所有的一切都会朝着更好的方向发展。"你若盛开,蝴蝶自来。"

6.
不在情绪上内耗，只在做事上认真

以前"风声雨声读书声，声声入耳"，现在"嘈杂烦乱纷扰，勿扰我心"，到了一定年纪，看待世界的方式会发生变化，学会把心关上，学会屏蔽，是一个人顶级的能力。

屏蔽力是我们在面对外界的各种干扰和诱惑时，能够保持清醒的头脑，坚定地选择对自己有益的事物，并有效地屏蔽掉那些无关紧要或者有害的事物的能力。

生活中我们面临着前所未有的挑战和诱惑，很多无关紧要的人和事，会干扰我们的注意力和情绪，浪费我们的时间和精力，影响我们的判断和决策。我们尽可能不要让这些事占据我们的内心，阻碍我们的成长和进步。

正确分辨，妥善处理，过滤生活的杂质，专注做好自己的事，冷静面对自己的人生。任何消耗你的人和事，多看一眼都是你的不对。

明确自己的人生准则。这是最基础也是最重要的一步。我们要清楚自己的生活目标和人生价值观，不模棱两可，不因为外界迷失自己。我知道这不容易，特别是对于刚步入社会的人，他们对外面的世界充满好奇，像一块海绵，

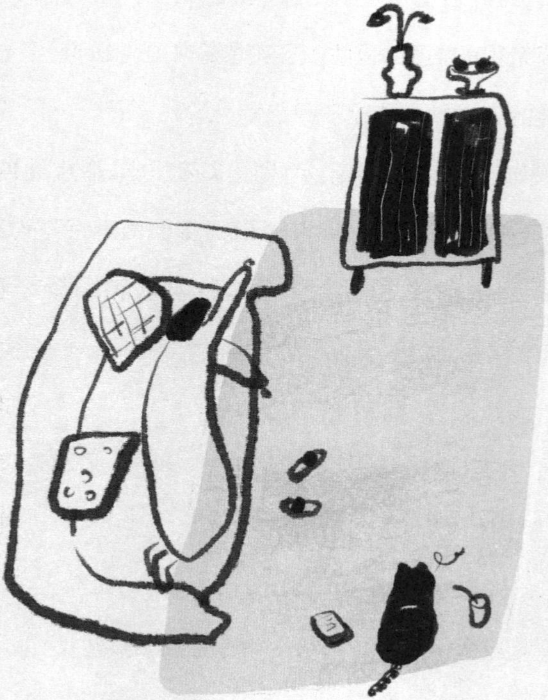

还在大量地吸收世界的一切信息。没关系,迷茫的阶段大家都会经历,这是个过程。先确定现在生活的重点,今天的任务,这周的方向,一点点分辨自己的需求和外界的影响,不要混淆,允许自己慢慢找到自己。

屏蔽无用的信息。无所不能的网络能让我们查到自己想要的信息,也很容易分散我们的注意力。形形色色的信息吸引我们的眼睛,有时候让我们欲罢不能,混混沌沌一无所获。我们要学会屏蔽无用的信息,重新培养专注力,培养认真做事的能力,更高效地完成任务,也能更有效地享受人生。

屏蔽消费的诱惑。经济社会,所有的消费都可能是消费的陷阱。从粉扑,到美妆蛋,又到美妆刷,其实都是同一种需求,商家们在不断给你制造不同的消费点,看了推广你就买了。粉底、气垫、BB霜、素颜霜,一种东西换了名字,又制造了新的潮流趋势。我们要学会理智消费,买自己真正需要的,手里有余钱才是最大的底气。

屏蔽消耗你的人。正常人都会有消极的情绪,可以理解,通过自我调节,可以回到正常状态。但是我们生活中也遇到过一类人,他们平时的状态是爱抱怨、攀比、嫉妒、自卑,消极情绪太多,也就是他们自我调节的能力比较弱,导致他们成了消极的人。情绪是很容易传染的,接触久了自然而然也会受到影响,你待在一个爱叹气的人身边也会不自觉叹气。还有一种人是习惯性打压别人,见不得别人比自己好,更要远离。要学会远离消极的人,消耗你的人,进而屏蔽他人负面的情绪,让自己情绪更稳定。

屏蔽他人评价。生活是自己的,不要活在别人的世界里,就算是你的父母,你的爱人,也要保留一定的屏蔽力。你的内心世界,你的真实感受,只有你最能体会。做自己想做的事、成为自己想成为的人,内心的平和稳定才是安身立命的根本。

屏蔽无用社交。我们成长的路上,会有朋友越来越多的阶段,也会有一个筛多留精的过程。丰富多彩的生活是追求,精简干净的生活也是追求。尊重当下的感受,去想去的约会,感到不舒服可以不去,找到自己最舒服的状态。

最后一条,不要去证明自己,没必要让每个人了解真正的你。你只需要做好自己的事,让自己的生活井然有序,让自己的内心平静而愉悦。不用为了让别人认同你,努力做给别人看,"不蒸馒头争口气"的理论是不成立的,一直在别人的价值观里证明自己,路就走偏了。那些毕了业就不会再联系的同学,见面打个招呼而已的同事,楼下经常见面的邻居,没必要向他们解释你的生活,他们不重要。照顾好自己,照顾好自己的情绪,照顾好自己的家人,有一两个能分享爱好、说说真心话的朋友,就足够了。

生活的终极意义是为了让自己快乐,拒绝内耗,一切以让自己快乐为价值导向。人生是用来体验的,不是来演绎完美的。我们来人世间只有一个目的:享受阳光,感受四季,看见月亮,遇见故事。记住了什么,失去了什么,都是经历,都是体验。